QU'EST-CE QUE TU ? FAIS DE BEAU

Photographies de CINQMAI

Petites coutures pour bouts de tissu

par Angel Mélie

EYROLLES

abra cada craft

Sommaire

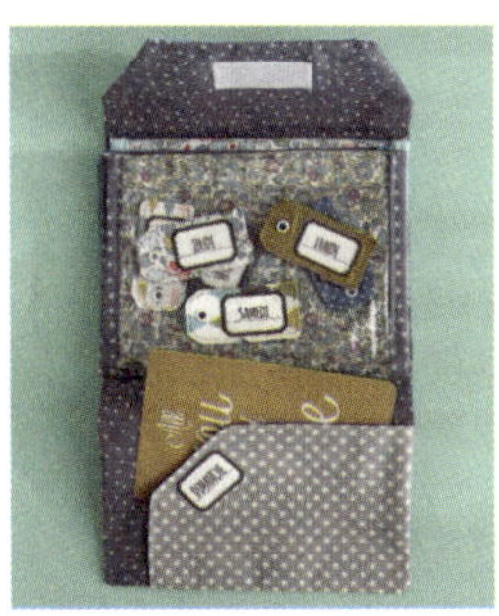

Introduction

Je me suis plongée dans la couture après la naissance de ma fille. Émerveillée par le bonheur qu'apporte un enfant dans une vie, j'ai eu envie de fabriquer quelque chose pour elle. J'avais besoin qu'elle soit entourée de jolis objets, qui aient un sens, et je voulais les confectionner de mes mains. C'est ainsi que tout a commencé…

Autodidacte, j'ai débuté avec des appliqués, cousus à la main, puis de fil en aiguille, je me suis intéressée à la couture en général. Ce n'est que plus tard que j'ai découvert les blogs, la richesse des échanges, bien réelle, et la créativité intense qui en résulte.

J'aime les tissus par-dessus tout, je ne me lasse pas de les regarder, de les assembler. J'éprouve beaucoup de plaisir et de satisfaction à chercher des accords de couleurs et de motifs. Aujourd'hui, je passe sans doute autant de temps à choisir les tissus qu'à confectionner le projet que j'ai en tête !

Il est donc facile d'imaginer que je suis dans l'incapacité totale de jeter ne serait-ce qu'un microscopique bout de tissu ! C'est l'accumulation considérable de ces chutes qui m'a donné envie de réaliser ces projets.

J'espère faire partager ici mon amour des tissus, des couleurs, et le plaisir de trouver une utilité même aux plus minuscules morceaux de tissu. Amusez-vous à associer les chutes dont vous ne savez que faire, osez les combinaisons improbables et trouvez l'accord qui vous donnera enfin satisfaction, et qui vous fera dire à votre entourage : « chut(es)… je couds ! ».

Frédérique Trenteseaux

Angel Melie

Le MATÉRIEL et les TECHNIQUES

Le MATÉRIEL

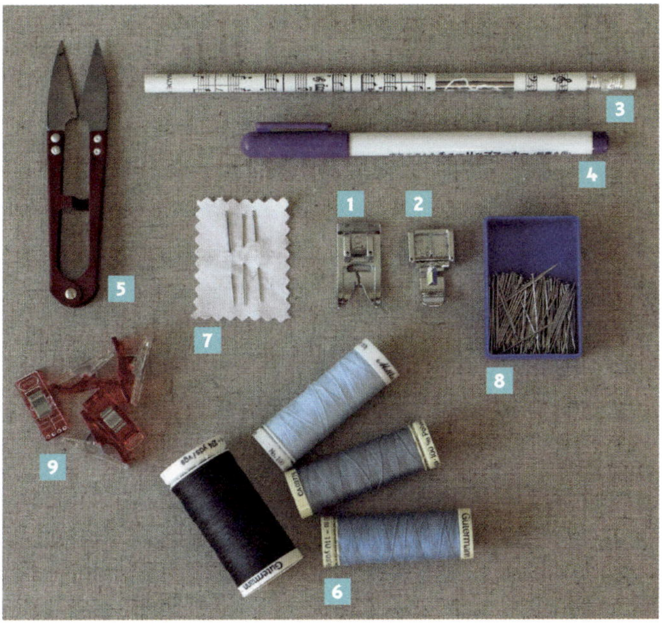

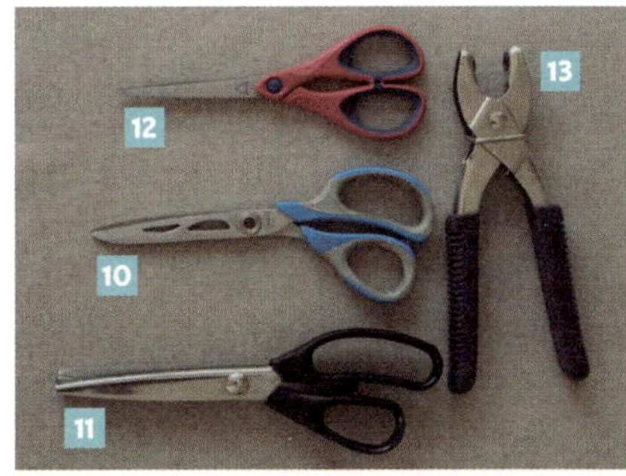

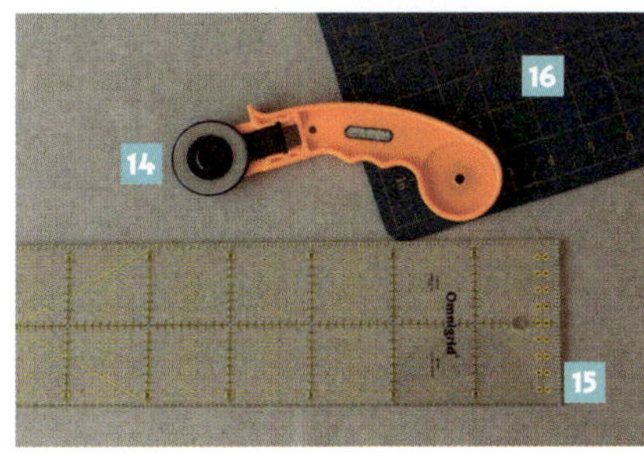

★ Le kit de base

Vous aurez besoin, pour réaliser vos projets, du matériel décrit ci-dessous, disponible en mercerie. (Le matériel marqué d'un astérisque n'est pas indispensable mais peut faciliter la mise en œuvre.)

- Une **machine à coudre** qui n'a pas, pour réaliser les projets de cet ouvrage, à être perfectionnée : une machine de base effectuant un point droit avant et arrière ainsi qu'un point zigzag pour le surfilage est suffisante. Il est possible aujourd'hui de trouver des machines à coudre basiques mais de bonne performance à des prix très raisonnables. Voyez toutefois à quels travaux vous réservez votre machine, il s'agit d'investir à bon escient, sans risquer de vous trouver freiné par des fonctions trop limitées. Prévoyez un jeu d'aiguilles pour machine à coudre (tailles 60 à 90) afin de pouvoir en changer selon la nature des tissus cousus.
- Un **pied de machine à coudre multi-usages** (1), vendu avec la machine.
- Un **pied pour fermeture Éclair** (2), généralement inclus dans les accessoires de la machine à coudre.
- Un **crayon à papier** (3) pour tracer les gabarits.
- Un **feutre effaçable** (4) pour marquer les tissus. Il en existe de plusieurs sortes : effaçables à la chaleur (fer à repasser), à l'air ou à l'eau. Les feutres effaçables à l'air ou à la chaleur sont pratiques car leurs tracés n'ont pas besoin d'être retirés avec un linge humide. Mais il faudra parfois refaire les marquages qui auront disparu si vous avez laissé de côté un travail ou si le tissu doit être repassé.
- Un **coupe-fil*** (5).
- Des **bobines de fils** (6) pour la machine à coudre et pour la finition des ouvrages à la main. Utilisez des fils de bonne qualité qui ne se casseront pas dans la machine à coudre.
- Un jeu **d'aiguilles à coudre** (7) à la main pour les finitions.
- Des **épingles de couture** (8) pour maintenir les tissus en place.
- Des **pinces Clover Prodige*** (9), qui remplacent les épingles classiques et sont particulièrement utiles pour travailler des épaisseurs de tissu importantes, du vinyle ou des toiles enduites.
- Des **ciseaux de couture** (10), à réserver pour le tissu sous peine de les émousser.
- Des **ciseaux cranteurs*** (11) pour réaliser des découpes décoratives.

- Des **ciseaux à papier** (12) pour découper les gabarits dans les entoilages thermocollants.
- Une **pince pour poser pressions et œillets*** (13), facultative car pour chaque projet des solutions sont proposées pour remplacer les œillets ou les boutons-pression sans couture. Si votre besoin est ponctuel, il existe, en mercerie, des kits très pratiques avec outil de pose. Si vous envisagez une utilisation plus fréquente, vous pouvez investir dans un modèle comme la pince Vario (compatible pour la pose d'œillets et de boutons-pression) ou la pince Kam pour boutons-pression en résine.
- Un tube de **colle pour textiles** vous permettra d'assembler certains éléments.
- Un **cutter rotatif** (14) et une **règle à patchwork** (15) de 30 ou 40 cm pour réaliser des découpes précises. La règle à patchwork, graduée et transparente, permet un positionnement précis pour la découpe des tissus. Ses graduations permettent de contrôler aisément des marges de couture à 0,75 cm.
- Un **tapis de découpe** (16) adapté, qui permet de garder une surface lisse après le passage du cutter.

★ Les tissus

L'idée de cet ouvrage est de faire bon usage de vos chutes de tissu. Les tailles des tissus nécessaires pour les modèles proposés correspondent donc souvent aux chutes de tissu restant après l'utilisation d'un *fat quarter* (coupon de 45 x 55 cm), une fois le projet principal réalisé.

Les plus petits projets ne nécessiteront que quelques centimètres de tissu, par exemple des bandes de 3,5 x 15 cm pour les lacets (voir p. 12). En général les modèles requièrent plusieurs coupons assortis d'environ 25 x 25 cm.

Je vous conseille de préparer et trier vos chutes pour faciliter le choix des tissus d'un projet : récupérez les chutes, recoupez-les grossièrement en rectangles puis regroupez-les par tailles et par types de motifs et couleurs. Il faut souvent plusieurs morceaux assortis de taille équivalente.

Privilégiez les tissus en coton de qualité patchwork, surtout si vous débutez. De manière générale, les tissus d'ameublement sont à éviter, ces tissus souvent trop épais pour de petits projets ne permettent pas de réaliser des finitions soignées.

Le lin peut être utilisé, c'est un tissu souvent très souple que je conseille d'entoiler pour éviter qu'il ne se déforme.

Les lins et cotons mélangés sont des tissus très agréables à travailler mais un peu plus épais que les cotons patchwork. Ils sont à utiliser plutôt comme tissu extérieur, avec une doublure fine pour éviter les surépaisseurs.

J'utilise fréquemment des chutes de voiles et batistes, dont les tissus Liberty font partie. Ces tissus sont très fins et fragiles. Il faut donc systématiquement les entoiler, pour leur donner un peu de tenue et les rendre plus robustes.

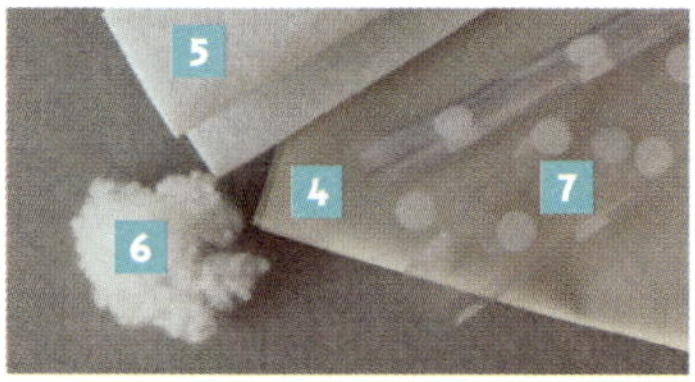

★ Les entoilages et autres fournitures

Plusieurs types d'entoilage ou de rembourrage sont utilisés, ils sont tous disponibles en mercerie. Pour éviter des surépaisseurs au niveau des coutures, les entoilages et molletons sont taillés sans marges de couture.

Les entoilages thermocollants s'appliquent au fer à repasser à sec, sans vapeur, en réglant le fer sur « laine ».

Pour entoiler un tissu, posez la partie brillante et légèrement rugueuse du thermocollant sur l'envers du tissu. Effectuez une pression avec le fer chaud, durant 6 à 15 secondes, sur toute la surface du thermocollant. Utilisez une pattemouille pour l'application d'un molleton thermocollant.

- Le **voile thermocollant double face** ou Vliesofix (1) de Vlieseline est un entoilage double face composé d'une partie thermocollante recouverte d'un papier. Cet entoilage est souvent utilisé pour fixer des appliqués sur un tissu. Thermocollez le voile au fer chaud, à travers le papier, sur l'envers du tissu que vous souhaitez fixer sur un support. Découpez l'appliqué à la forme souhaitée. Retirez le papier de protection et repassez à l'endroit choisi sur le support pour fixer l'appliqué.

- Le **voile thermocollant fin**, type Vlieseline H250 (2), est un voile qui stabilise et rigidifie légèrement les tissus. Il permet de protéger un tissu fragile, léger, ou de rendre plus robuste l'emplacement d'un bouton-pression. C'est le voile utilisé dans la technique des gabarits en thermocollant, et donc la fourniture dont vous aurez le plus besoin pour les modèles de cet ouvrage.
- Le **molleton thermocollant** (3) est un entoilage qui donne du volume à l'ouvrage. Le rendu est doux et agréable au toucher. Il peut être utilisé pour la confection de petits plaids d'été mais aussi pour celle de petites pochettes.
- Le Decovil (4) de Vlieseline est un **entoilage épais** qui apporte rigidité et résistance à l'ouvrage tout en préservant sa souplesse. Il est utilisé pour apporter de la tenue dans la confection de pochettes ou petits paniers.
- Le Jeffytex (5) est un **molleton rigide non thermocollant** qui se coud et peut se laver à la machine. Plus rigide que le Decovil, il permet de confectionner boîtes et paniers.
- Le **rembourrage** (ouatine, kapok) (6) permet de donner son volume à un élément plein.
- Le **vinyle** (7), aussi appelé plastique ou crystal en mercerie, est à choisir transparent, coloré ou à motifs selon l'usage que l'on en fait.

Les TECHNIQUES *de* BASE

★ Confectionner des étiquettes décoratives

Il existe de multiples façons de confectionner des étiquettes décoratives. Voici quelques exemples pour vous guider dans vos réalisations, mais n'hésitez pas à innover !

MOTIFS TOUT PRÊTS

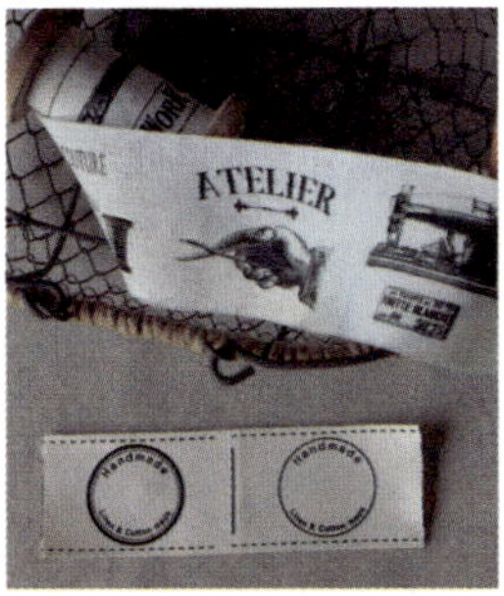

1. De nombreuses merceries vendent des galons avec des motifs décoratifs. Utilisez-les pour fabriquer de petites étiquettes.

2. Découpez l'étiquette dans le galon, faites un rentré de 5 mm aux extrémités. Repassez.

3. Appliquez un morceau de voile thermocollant double face au dos de l'étiquette.

4. Thermocollez sur l'ouvrage à l'emplacement choisi. Cousez au point avant ou au point zigzag les bordures de l'étiquette.

MISE EN VALEUR DES ÉTIQUETTES

- Vous pouvez apporter du relief à la décoration en glissant sous l'étiquette un tissu contrastant.
- Pensez aussi à la feutrine, qui apporte du volume. Utilisez les ciseaux cranteurs pour réaliser une découpe sur les bords puis appliquez l'étiquette sur la feutrine.

CONFECTION D'ÉTIQUETTES PERSONNALISÉES

- Vous pouvez pour cela acheter du galon blanc ou couleur crème en mercerie, et y broder un motif ou y écrire un message personnel au feutre pour textiles.
- Pensez aussi à utiliser des tampons de scrapbooking pour personnaliser le galon.
- Il existe en grandes surfaces du papier transfert pour tee-shirt, vous pouvez l'utiliser pour créer des étiquettes personnalisées. Pour cela, imprimez le motif ou l'inscription depuis votre ordinateur. Attention, le modèle doit être imprimé en miroir pour obtenir le motif à l'endroit sur le tissu.

1. Découpez le motif à 3 mm du bord.

2. Appliquez au fer à repasser, face imprimée vers le textile, en utilisant un papier sulfurisé pour protéger le transfert. Veillez à suivre attentivement les conseils d'utilisation du fabricant qui peuvent varier d'une marque à l'autre. Retirez le papier de protection.

- Enfin, n'oubliez pas toutes vos jolies chutes de tissu. Découpez dedans une étoile, une fleur ou un personnage qui donnera beaucoup de charme à votre étiquette.

★ Poser une fermeture Éclair

Il s'agit ici de poser une fermeture Éclair sur un ouvrage avec doublure.

1. Placez le tissu extérieur et celui de la doublure endroit contre endroit.
Glissez la fermeture Éclair entre les deux tissus, la tirette doit faire face au tissu extérieur. Veillez à ce que les tissus soient bien alignés sur le bord de la fermeture Éclair. Maintenez en place avec des épingles ou des pinces Clover Prodige.

2. Ouvrez la fermeture Éclair. Sur la machine à coudre, utilisez le pied adapté pour la pose de fermetures Éclair. Réalisez une couture à 0,75 cm du bord.

À savoir *Les pieds-de-biche pour fermetures à glissière sont plus étroits que les pieds classiques et permettent ainsi de coudre au plus près de la fermeture Éclair.*

3. Repliez les deux tissus sur l'endroit, repassez puis surpiquez à 3 mm du bord. Pendant la pose de la fermeture, comme lors de la surpiqûre, n'hésitez pas à interrompre la couture pour faciliter le passage de la tirette. Aiguille baissée dans le tissu, levez le pied-de-biche puis refermez la fermeture avant de reprendre la couture.

4. Répétez l'opération de l'autre côté de la fermeture Éclair.

★ Poser un bouton-pression

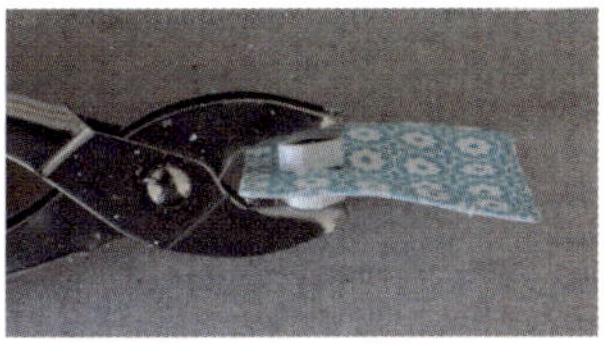

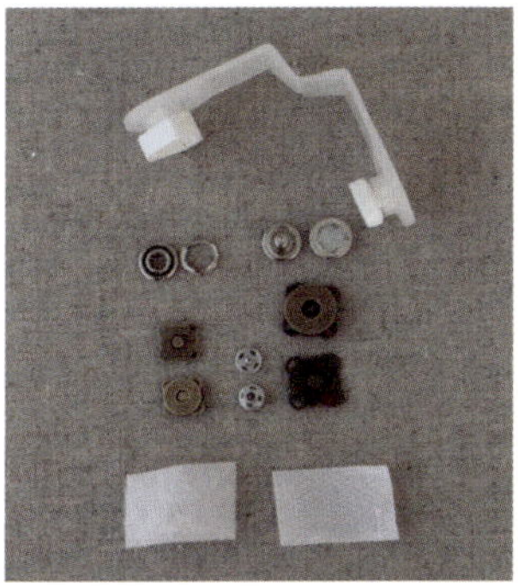

Les boutons-pression sans couture sont composés de deux parties distinctes : une partie femelle (œillet) à associer au bouton et une partie mâle (embout) à associer à la pièce complémentaire à picots.
Si vous possédez une pince à boutons-pression, sélectionnez les embouts adaptés à la taille des pressions. Marquez le tissu à l'emplacement choisi. Sertissez la partie mâle sur l'extérieur (attache, rabat, etc.) et la partie femelle à l'intérieur, en écrasant les picots à l'aide de l'outil de pose.

Si le tissu n'est pas déjà entoilé, posez une chute de thermocollant de quelques centimètres carrés au dos de l'emplacement du bouton-pression. Le tissu sera protégé, plus robuste, il présentera moins de risques de se déchirer à l'usage.

Si vous ne possédez pas de pince, il existe plusieurs possibilités :

- des kits de pression sont disponibles en mercerie. Ils comprennent généralement un outil de pose, les embouts adaptés et une dizaine de boutons-pression. Le sertissage des boutons se fait alors avec un marteau ;
- les boutons-pression à coudre, simples ou magnétiques, sont discrets et remplacent parfaitement les pressions sans couture ;
- la pose d'un morceau de Velcro peut offrir un système de fermeture adapté aux poches et pochettes.

★ Utiliser un gabarit en voile thermocollant

Cette technique est utilisée pour réaliser avec précision de petits éléments. Elle sera particulièrement utile aux couturières débutantes. Le principe est de découper un gabarit dans du voile thermocollant puis d'utiliser ce gabarit pour coudre et découper avec précision les tissus à assembler recto-verso. Voici comment procéder :

1. Reportez avec précision le gabarit sur du voile thermocollant fin puis découpez la forme.

2. Appliquez le thermocollant au fer sur l'envers du tissu extérieur. Les coupons de tissu n'ont pas besoin d'être découpés à la forme du motif, un simple rectangle suffit.

3. Placez le tissu de la doublure endroit contre endroit sur le tissu extérieur. Réalisez une couture tout autour du motif, à 1 mm du thermocollant, en laissant une ouverture de quelques centimètres sur un côté. Le thermocollant sert de guide pour la couture et permet d'être précis surtout lorsque l'on débute.

4. Recoupez à 3 mm de la couture, sauf en face de l'ouverture où vous laissez une marge de couture de 0,75 cm. Crantez soigneusement les angles, retournez l'ouvrage sur l'endroit puis fermez l'ouverture à points glissés (voir le détail de ce point p. 10). Surpiquez à 3 mm du bord.

★ Coudre du vinyle

1. Si vous posez un biais, faites un rentré de 1 cm à chaque extrémité du biais.

2. Positionnez le tissu ourlé sur le vinyle ou, dans le cas d'un biais, à cheval sur le vinyle ; maintenez à l'aide de pinces. Cousez en place.

Conseil *Veillez à ne pas découdre puis recoudre sur le vinyle car les trous de l'aiguille vont fragiliser le plastique. En cas d'erreur, il est préférable de découper afin d'ôter la zone de plastique endommagée puis de reprendre la couture.*

★ Arrondir un angle

Il est bien sûr possible de dessiner un arrondi en traçant un arc de cercle à l'aide d'un compas, mais ce n'est pas toujours très aisé sur du tissu.
Pour tracer un arrondi plus facilement, utilisez un récipient offrant l'arc de cercle souhaité. Positionnez-le dans le coin du rectangle de tissu, aligné sur les bords. Le bord du récipient guide le tracé. Une bobine de fil permettra de tracer des arrondis de petit rayon.

Conseil *Lorsque vous devez arrondir un tissu extérieur et une doublure, les deux coupons ne sont pas placés à l'identique mais inversés en miroir. Pour éviter des erreurs, particulièrement en cas d'arrondi asymétrique, placez vos tissus l'un sur l'autre endroit contre endroit pour la coupe.*

★ Fermer un ouvrage au point glissé

Le point glissé, aussi appelé point d'échelle, permet de faire une couture invisible pour fermer un ouvrage à la main. Voici comment procéder (ici le fil est d'une couleur contrastée pour que la couture soit bien visible, mais mieux vaut choisir un fil coordonné) :

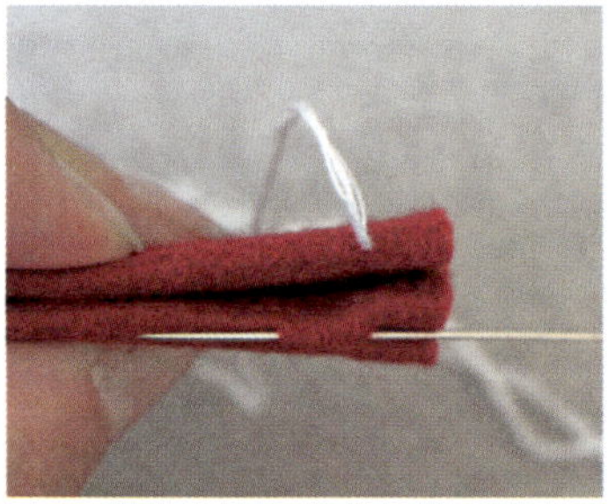

1. Préparez une aiguillée, débutez la couture en piquant sur l'envers de l'ouvrage, à l'extrémité de l'ouverture à fermer, pour faire ressortir l'aiguille sur l'endroit. Piquez ensuite dans le pli d'en face et ressortez du même côté.

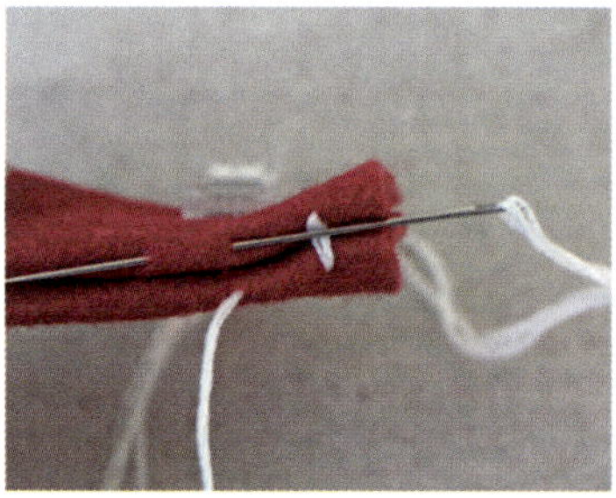

2. Piquez alors sur le pli opposé, bien en face de votre dernier point.

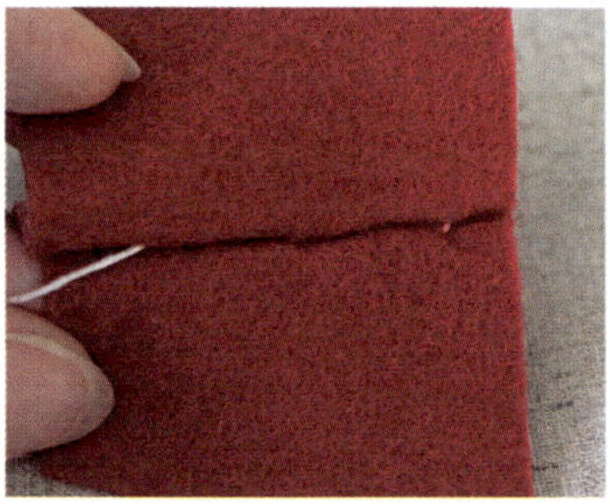

3. Tendez le fil au fur et mesure, les points disparaissent dans les plis. Continuez ainsi sur toute la longueur de l'ouverture. Terminez par un nœud.

★ Broder au point de piqûre et au point de tige

Une broderie nécessite au préalable le report du motif sur le tissu. Pour un tissu clair, vous pouvez imprimer ou dessiner le modèle sur une feuille blanche, fixer cette feuille sur une fenêtre, poser le tissu sur le papier puis décalquer le motif sur le tissu au feutre effaçable. Il existe en mercerie des papiers de transfert pour broderie adaptés aux tissus foncés.

POINT DE PIQÛRE

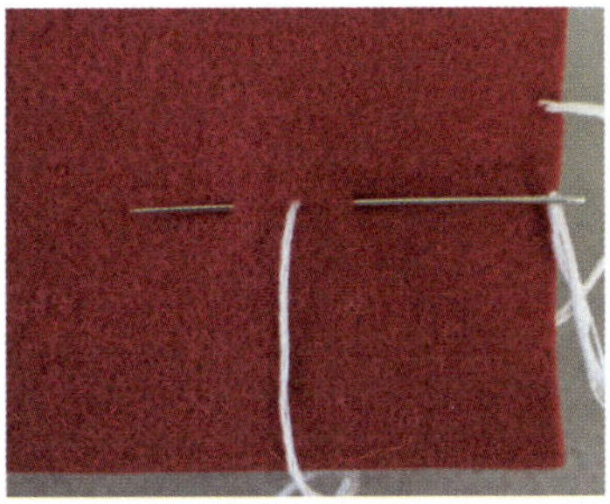

1. Préparez une aiguillée, piquez sur l'envers de l'ouvrage pour faire ressortir l'aiguille sur l'endroit.
2. Piquez à droite du point précédent, pour ressortir à gauche, à égale distance du fil.

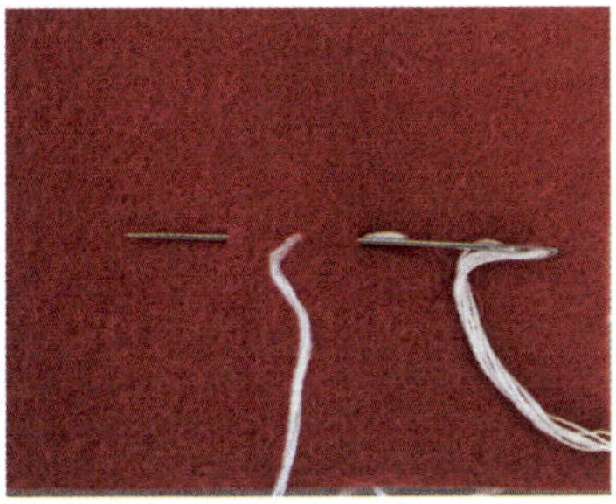

3. Piquez à nouveau à droite, l'aiguille entre dans le trou fait à l'étape 1. Ressortez à l'avant du fil.
4. Continuez sur ce principe pour broder le motif.

POINT DE TIGE

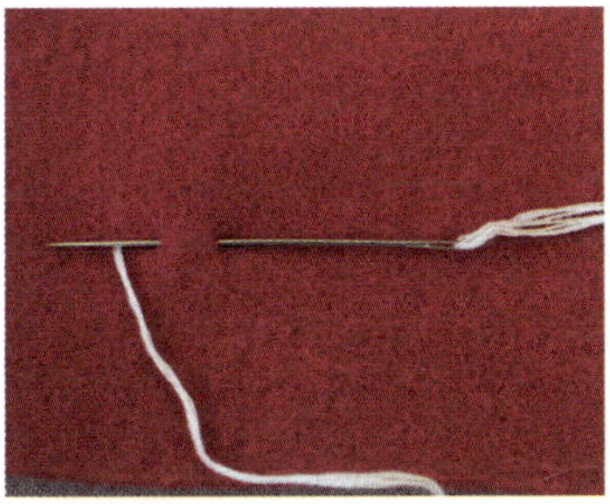

1. Préparez une aiguillée, piquez sur l'envers de l'ouvrage pour faire ressortir l'aiguille sur l'endroit.

2. Le point de tige s'effectue en reculant. Piquez à droite du point précédent puis ressortez à mi-longueur. Pour avoir toujours le même point, veillez à toujours placer le fil en dessous de l'aiguille (ou à l'inverse toujours au-dessus).

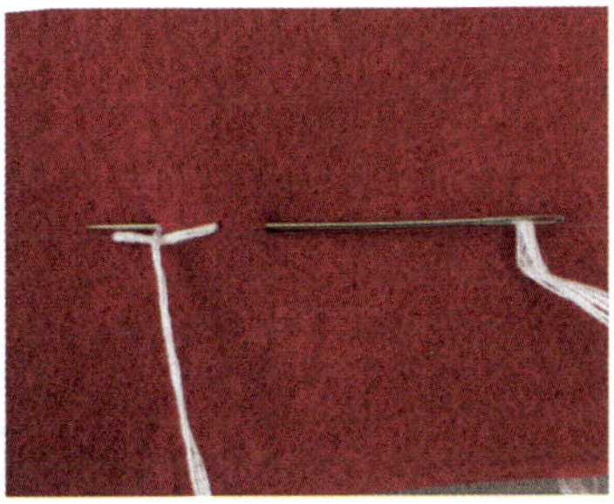

3. Piquez à nouveau à droite. Ressortez au même endroit qu'à l'étape précédente.

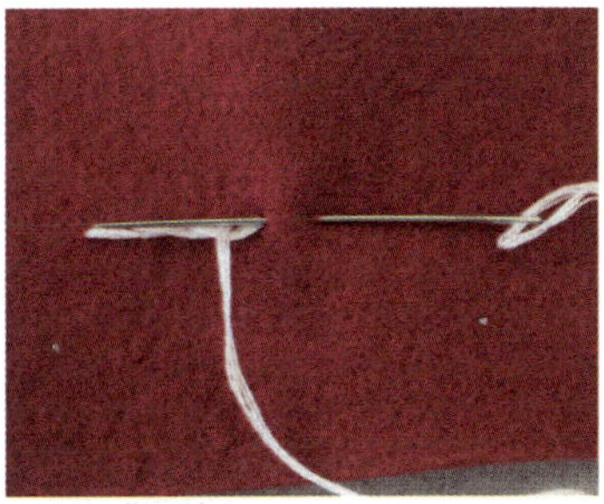

4. Continuez ainsi pour broder le motif. Faites de petits points pour obtenir de jolis motifs. Raccourcissez la taille des points dans les arrondis pour bien suivre la courbure.

• LACETS FANTAISIE •

« Cendrillon est la preuve qu'une paire de chaussures peut changer votre vie. » J'adore cette petite phrase trouvée sur le Net. J'ai souvent essayé de convaincre mon entourage que c'est la raison pour laquelle j'ai besoin d'autant de chaussures... pour changer de vie avec chaque nouvelle paire ! Alors pourquoi ne pas essayer, en plus, de les personnaliser ?

NIVEAU DE DIFFICULTÉ : ★ - DIMENSIONS LACET ENVIRON 100 CM (10-12 ŒILLETS), POCHETTE 7,5 X 12 CM

★ Matériel

Dimensions marges de couture de 0,75 cm comprises.

Pour 1 lacet d'environ 100 cm :

6 bandes de 3,5 x 15 à 20 cm de long, dans des tissus assortis (la longueur peut varier d'un tissu à l'autre)

Colle pour textiles

Fil à broder

Pour la pochette Cendrillon :

1 rectangle de 9 x 23 cm de tissu extérieur

1 rectangle de 9 x 23 cm de doublure

2 rectangles de 3,5 x 6 cm d'un tissu assorti pour l'attache

1 étiquette décorative de 4 x 6 cm maximum

Kit de base (voir p. 5)

Confection d'un lacet

1. Préparez les bandes de tissu : pliez-les en deux dans la longueur, envers contre envers, repassez. Faites un rentré de 0,75 cm le long des grands côtés, comme pour un biais. Repassez pour marquer les plis (a) puis dépliez-les.

2. Placez deux bandes de tissu endroit contre endroit en formant un angle droit. Maintenez par des épingles. Tracez la diagonale du carré ainsi formé, ce sera la ligne de couture (b).

3. Cousez au point droit et réduisez la marge de couture à 5 mm (c).

4. Ouvrez la couture au fer à repasser et dépliez la bande de tissu (d).

5. Répétez l'opération avec d'autres bandes de tissu, jusqu'à obtenir la longueur de lacet souhaitée.

Conseil ***La longueur d'un lacet dépend du nombre d'œillets des chaussures. N'hésitez pas à mesurer vos propres lacets pour être sûr de la longueur nécessaire.***

»

a

b

c

d

Cendrillon

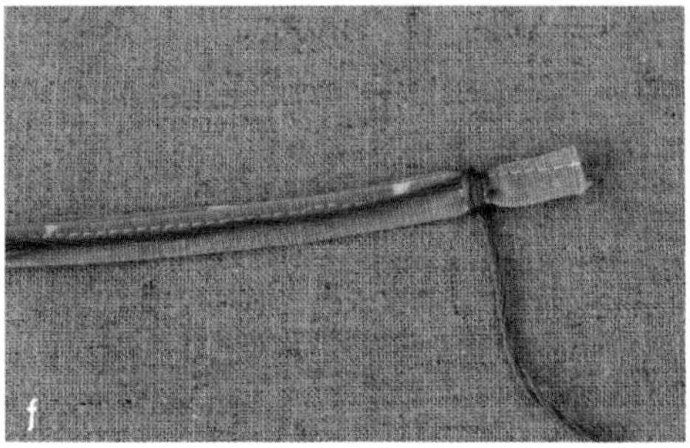

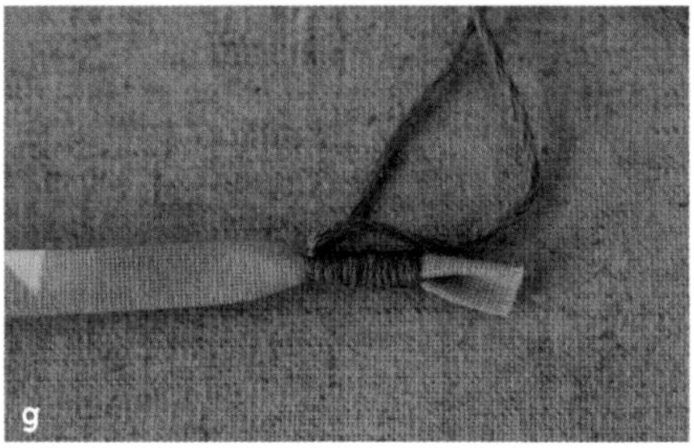

»

6. Repliez les bandes de tissu selon les plis marqués au fer à l'étape 1.

7. Cousez au point droit sur toute la longueur du lacet (e).

8. Alignez une extrémité du fil à broder avec l'extrémité du lacet, sur environ 10 cm. Avec le brin libre du fil, entourez le bout du lacet, à 1 cm environ de l'extrémité, en serrant fortement et en veillant à ne pas superposer les tours de fil (f).

9. Enroulez ainsi sur environ 1 cm puis faites un double nœud (g). Coupez l'excédent de fil et retaillez le tissu à 3 mm du fil à broder.

10. Posez un point de colle pour textiles sur le nœud et sur l'extrémité du lacet pour éviter qu'il ne s'effiloche.

Variante

Il est possible de terminer le lacet avec un rentré de couture de 1 cm à chaque extrémité. Attention, dans ce cas, à la surépaisseur occasionnée par le rentré : vérifiez que le bout du lacet passe bien dans l'œillet de chaussure.

Pochette Cendrillon

11. Confectionnez une petite étiquette décorative (voir comment la réaliser p. 7).

12. Cousez l'étiquette sur le tissu extérieur. Le haut de l'étiquette se trouve à 4,5 cm du haut du tissu, centré dans la largeur (h).

13. Placez le tissu extérieur endroit face à vous, étiquette vers le haut. Posez la doublure sur le tissu extérieur, endroit contre endroit. Faites une marque sur le côté gauche à 3,5 cm du haut du tissu. Coupez un angle allant de cette marque jusqu'au coin haut droit de la pochette.

14. Cousez le long du côté en biais (i).

15. Retournez sur l'endroit, repassez et surpiquez à 3 mm du pli (j).

16. Préparez l'attache : placez les deux rectangles de 3,5 x 6 cm endroit contre endroit et cousez le long des grands côtés. Retournez sur l'endroit à l'aide d'une épingle à nourrice.

17. Repliez le tissu de la doublure sous le côté taillé en biais. Repliez le tissu extérieur par-dessus. Le coin haut du biseau se trouve à 3,5 cm du haut des deux tissus repliés (k).

18. Pliez l'attache en deux dans la largeur, épinglez-la sur le haut de la doublure en la centrant dans la largeur (l).

19. Cousez au point droit les trois côtés de la pochette en laissant une ouverture sur le côté gauche, entre le coin haut et le côté en biais.

20. Retournez sur l'endroit. Fermez l'ouverture à points glissés (voir le détail de ce point p. 10) (m). Utilisez cette pochette pour offrir les lacets uniques que vous aurez confectionnés, ou pour d'autres petits objets.

Astuce ***Étiquette mise à part, la pochette est totalement réversible. Inversez l'intérieur et l'extérieur selon votre humeur !***

h

i

j

k

l

m

• BERRY BASKET •

Ces petits paniers, inspirés des traditionnels *berry baskets* américains - littéralement les « paniers à fruits » -, seront parfaits pour accueillir vos chutes de tissu, cartes à fils ou bobines... Mais pourquoi ne pas les détourner pour y glisser quelques douceurs à offrir, ou les garnir d'un assortiment de savons pour vos invités.

NIVEAU DE DIFFICULTÉ : ★ - DIMENSIONS 11 X 11 X 7 CM

★ Matériel

Dimensions marges de couture comprises.

1 rectangle de 26 x 26 cm de tissu extérieur

1 rectangle de 26 x 26 cm de doublure

4 rectangles de 6 x 12,5 cm de tissu assorti pour les bordures

1 rectangle de 24 x 24 cm d'entoilage Decovil de Vlieseline

4 rectangles de 2 x 10,5 cm d'entoilage Decovil de Vlieseline

Kit de base (voir p. 5)

Gabarit (voir p. 60)

Préparation

1. Découpez le gabarit (voir p. 60) dans l'entoilage. Thermocollez le gabarit sur l'envers du tissu extérieur.

2. Placez le tissu extérieur sur le tissu de la doublure, endroit contre endroit. Cousez les côtés du panier sur le pourtour de l'entoilage, en laissant les quatre extrémités ouvertes (haut du panier).

3. Recoupez les tissus au ras de l'entoilage sur le haut du panier et à 3 mm du bord sur les côtés (a).

4. Crantez les angles, retournez sur l'endroit et repassez.

5. Réalisez quatre coutures pour marquer le fond du panier (b). (Les coutures sont indiquées en pointillé sur le gabarit.)

6. Préparez les bordures : pliez en deux dans la longueur, envers contre envers, un rectangle de bordure. Repassez puis thermocollez une bande de Decovil à l'intérieur en l'alignant sur le pli et en la centrant dans la longueur.

»

a

b

c

d

e

»

7. Faites un rentré de 1 cm le long des grands côtés de la bordure, comme pour un biais. Repliez ensuite les deux extrémités sur 1 cm, repassez pour marquer les plis (c). Répétez les opérations pour les trois autres bordures.

Assemblage du panier

8. Insérez une des extrémités du panier dans une bordure et maintenez à l'aide de pinces ou d'épingles (d). Cousez au point droit à 3 mm du bas de la bordure. Répétez l'opération pour les trois autres bordures.

9. Assemblez le panier en plaçant deux bordures bord à bord. Faites une couture à la main à petits points glissés (voir le détail de ce point p. 10) pour maintenir en place (e).

Variante

Vous pouvez réduire ou agrandir le gabarit (et adapter la longueur des bordures) pour réaliser des paniers gigognes.

Pensez à personnaliser encore vos paniers par une étiquette (voir comment confectionner une étiquette p. 7) ou par tout autre détail décoratif.

• C'EST DANS LA BOÎTE ! •

Quoi de plus craquant que ces boîtes à malice, avec leur ouverture originale. Les plus petits y glisseront voitures ou personnages, les plus grands y cacheront trésors et secrets d'enfance. Deux tailles sont proposées, selon les contenus envisagés.

NIVEAU DE DIFFICULTÉ : ★ - DIMENSIONS PETITE BOÎTE 8 X 8 X 8 CM, GRANDE BOÎTE 12 X 12 X 12 CM

★ Matériel

Dimensions marges de couture de 0,75 cm comprises.

Dans le tissu extérieur :

1 rectangle de 11,5 x 9,5 cm (petite boîte) [17,5 x 13,5 cm, grande boîte] pour la poche intérieure

1 rectangle de 3,5 x 25,5 cm [4,5 x 37,5 cm] pour le rebord du couvercle

1 rectangle de 9,5 x 33,5 cm [13,5 x 49,5 cm] pour l'ensemble devant-fond-dos-couvercle

2 carrés de 9,5 x 9,5 cm [13,5 x 13,5 cm] pour les côtés

Dans la doublure :

1 rectangle de 3,5 x 25,5 cm [4,5 x 37,5 cm]

1 rectangle de 9,5 x 33,5 cm [13,5 x 49,5 cm]

2 carrés de 9,5 x 9,5 cm [13,5 x 13,5 cm]

6 carrés de 7,5 x 7,5 cm [11,5 x 11,5 cm] et 3 rectangles de 1,5 x 7,5 cm [2,5 x 11,5 cm] de Jeffytex

Kit de base (voir p. 5)

Préparation de la poche

1. Pliez en deux, endroit contre endroit, le tissu de la poche, vous obtenez un rectangle de 5,75 x 9,5 cm [8,75 x 13,5 cm]. Faites une couture au point droit sur le grand côté (a).

2. Retournez sur l'endroit et faites une surpiqûre le long du pli.

3. Placez la poche sur le morceau prévu pour la doublure de la boîte, le bas de la poche est à placer à 16,75 cm [24,75 cm] du haut du tissu. Cousez le bas de la poche sur la doublure. Réalisez un point zigzag sur les côtés de la poche pour la maintenir en place (b).

Préparation des faces

4. Placez le tissu extérieur sur la doublure, endroit contre endroit. Cousez le pourtour au point droit en laissant une grande ouverture sur le bas. Crantez les angles et retournez sur l'endroit.

5. Glissez un carré de Jeffytex à l'intérieur, poussez-le jusqu'à l'extrémité du rectangle. Répétez l'opération avec trois autres carrés de Jeffytex en veillant bien à ce que les morceaux soient bord à bord, sans se chevaucher.

6. Faites une couture au point droit pour séparer les carrés. La couture du deuxième morceau de Jeffytex se trouve juste en dessous de la poche (c).

»

a

b

c

EXTRA GLACÉ COTTON THREAD
Fabrication
Française

»

7. Refermez l'ouverture à points glissés (voir le détail de ce point p. 10). Quatre pans de la boîte (devant, fond, dos et couvercle) sont ainsi formés.

8. Cousez, endroit contre endroit, les tissus des côtés de la boîte (doublure et extérieur) en laissant une ouverture de quelques centimètres. Crantez les angles et retournez sur l'endroit.

9. Glissez un carré de Jeffytex à l'intérieur. Refermez l'ouverture à points glissés (d).

Préparation de la bordure du couvercle

10. Le principe est le même que pour les faces de la boîte. Placez endroit contre endroit la doublure et le tissu extérieur du rebord. Glissez entre les deux tissus un petit bout de ruban, d'environ 3 cm, plié en deux, en le centrant sur la longueur.

11. Cousez le pourtour en laissant une ouverture d'environ 9 cm sur le côté opposé au ruban. Crantez les angles (e) et retournez sur l'endroit.

12. Glissez les rectangles de Jeffytex, bout à bout, à l'intérieur. Faites des coutures entre les morceaux pour marquer les plis.

13. Fermez l'ouverture à points glissés (f).

»

d

e

f

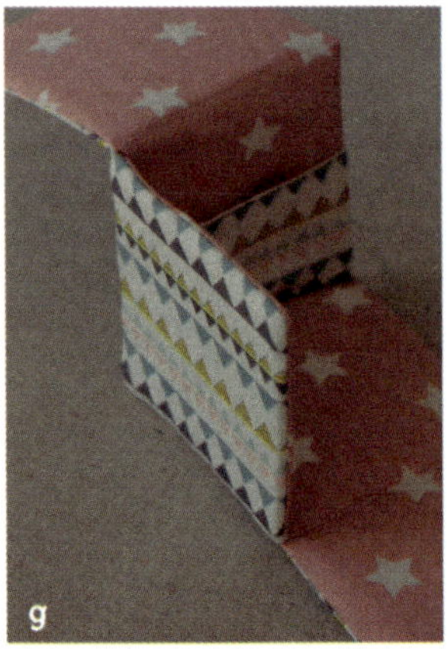

g

h

i

»

Assemblage de la boîte

14. Cousez à la main à petits points glissés les côtés sur le fond et le dos de la boîte (g, h). La face avant est laissée libre.

15. Cousez à la main la bordure le long du couvercle de la même manière (i).

Variante

Vous pouvez décorer le dos de la boîte (ou la face de votre choix) : ajoutez une étiquette (voir comment confectionner une étiquette p. 7), des boutons, un motif appliqué... Laissez parler votre imagination.

Ajoutez cette personnalisation sur le tissu extérieur avant la première étape de la préparation des faces. Veillez à bien orienter le tissu extérieur et la doublure pour que le motif ne soit pas à l'envers (j). Positionnez la décoration entre 9 et 16 cm [13 et 24 cm] par rapport au haut du tissu pour qu'elle soit placée au dos de la boîte (k).

j

k

• POLA-POCHETTE •

Laissez-vous aller au charme rétro de ces mini-pochettes qui rappellent les clichés instantanés de notre enfance. Glissez-y un présent, une photo, souvenir d'un moment partagé et offrez-les avec votre message personnalisé.

NIVEAU DE DIFFICULTÉ : ★ - DIMENSIONS 9,5 X 11,5 CM

★ Matériel

Dimensions marges de couture de 0,75 cm comprises.

Dans du coton blanc :

1 rectangle de 11 x 12,5 cm pour le dos
2 rectangles d'environ 7 x 12 cm pour le rabat
4 rectangles de 2,5 x 9 cm pour les côtés
2 rectangles de 2,5 x 11 cm pour le haut
2 rectangles de 4,5 x 11 cm pour le bas

1 rectangle de 11 x 12,5 cm de tissu pour la doublure
1 carré de 9 x 9 cm de vinyle transparent
1 rectangle de 4 x 9,5 cm de voile thermocollant
1 chute de Velcro (environ 1,5 cm)
Fil à broder
Kit de base (voir p. 5)

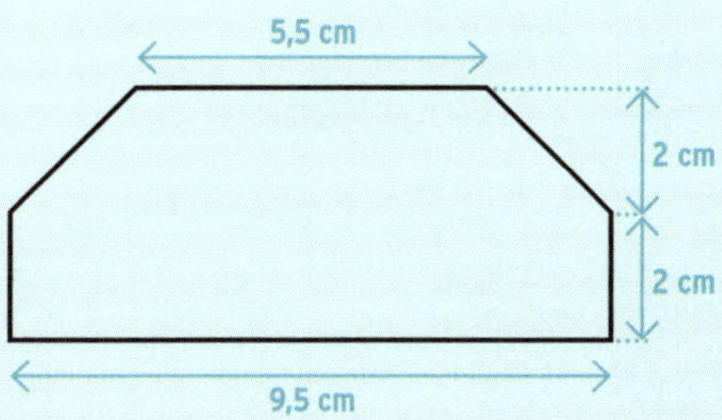

Préparation

1. Pour réaliser le dos de la pochette, placez endroit contre endroit le coton blanc et la doublure. Faites une couture au point droit le long d'un petit côté (a).

2. Ouvrez la couture au fer à repasser. Retournez sur l'endroit et surpiquez à 5 mm du bord.

3. Cousez un morceau de Velcro sur le coton blanc à 1,75 cm de la couture, centré dans la largeur.

4. Découpez un morceau de voile thermocollant en reportant les mesures du schéma ci-dessous.

5. Préparez le rabat à l'aide de la technique du gabarit en thermocollant (voir le détail de cette technique p. 9).

6. Cousez les côtés et le haut du rabat. Réduisez les marges de couture à 3 mm sauf sur le bas (conservez une marge de 0,75 cm) (b). Crantez les angles. Retournez sur l'endroit.

7. Cousez l'autre partie du Velcro sur le rabat à 0,75 cm de la couture, centré dans la largeur.

8. Brodez un message au point de piqûre (voir le détail de ce point p. 11) sur un des rectangles de coton de 4,5 x 11 cm, en positionnant la broderie à environ 2 cm du bas du rectangle et 2 cm du bord droit (la fin de l'inscription s'alignera ainsi avec la fenêtre en vinyle).

Conseil *Pour broder un texte avec une belle calligraphie, imprimez le message sur papier puis décalquez-le par transparence sur le coton blanc en posant le papier et le coton sur une fenêtre. Vous pouvez utiliser un stylo-feutre adapté aux textiles pour écrire le message plutôt que de le broder.*

»

a

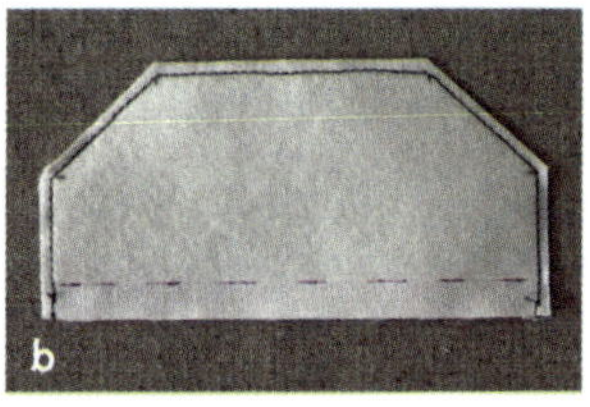
b

»

9. Pour l'avant de la pochette, prenez le vinyle en sandwich entre deux rectangles de coton blanc de 2,5 x 9 cm, endroit des tissus contre le vinyle. Veillez à ce que les trois épaisseurs soient alignées sur le bord. Piquez les tissus et le vinyle (voir p. 10) au point droit à 0,75 cm du bord (c ; le vinyle est bleu sur la photo pour une meilleure visibilité). Retournez sur l'endroit : vous avez cousu un côté du devant.

10. Répétez l'opération pour l'autre côté. Cousez ensuite de la même manière le haut puis le bas du devant, en prenant dans la couture les côtés en tissu (d).

Assemblage de la pola-pochette

11. Pour le montage du rabat, faites un rentré de 0,75 cm sur les deux tissus du haut de la pochette (e).

12. Glissez le rabat entre les deux tissus en le centrant dans la largeur. Fixez par une couture à 3 mm du bord (f).

13. Pour l'assemblage de la pochette, placez le dos sur le devant de la pochette, endroit contre endroit, le coton blanc du dos fait face au vinyle (g).

14. Cousez les deux côtés et le bas. Réduisez les marges de couture à 3 mm. Crantez les angles.

15. Retournez sur l'endroit puis faites une surpiqûre à 5 mm du bord sur les côtés et le bas de la pochette (h).

Conseils ***Choisissez un tissu de fond qui mettra votre présent en valeur (couleur contrastée, petits ou grands motifs, etc.). Si votre présent est de petite taille, vous pouvez faire une surpiqûre supplémentaire en bas et sur les côtés du vinyle pour que le cadeau se place bien en face de la fenêtre.***

c

d

e

f

g

h

MISSISSIPPI
5c U.S. POSTAGE 5c
3
DM 3074
1970
Vintage
BLUE WREN
POST CARD
CORRESPONDENCE
NAME AND ADDRESS

• HAPPY RANGEMENT •

Ranger les jouets, ranger les puzzles, ranger les barrettes et les chouchous... bref, ranger, ranger, ranger ! Avec trois loulous à la maison c'est au quotidien que je rassemble les effets de chacun, alors autant le faire dans la bonne humeur avec ces pochettes pleines de peps qui permettent de tout retrouver en un clin d'œil.

NIVEAU DE DIFFICULTÉ : ★ - DIMENSIONS 22 X 20,5 CM

★ Matériel

Dimensions marges de couture de 0,75 cm comprises.

2 rectangles de 4 x 22 cm de tissu extérieur
1 rectangle de 21,5 x 22 cm du même tissu
2 rectangles de 4 x 22 cm de doublure
1 rectangle de 21,5 x 22 cm du même tissu
1 rectangle de 17 x 22 cm de vinyle transparent
1 fermeture Éclair de 20 cm
70 cm de biais dans un tissu assorti
Kit de base (voir p. 5)

1. Cousez la fermeture Éclair entre les bandes de tissu de 4 x 22 cm (voir comment procéder p. 8), un tissu extérieur et une doublure de part et d'autre de la fermeture.

2. Faites un rentré de 1 cm dans le tissu extérieur et dans la doublure sur un côté de la fermeture Éclair (a).

3. Glissez le vinyle entre les deux tissus repliés et cousez en place (voir comment procéder pour coudre du vinyle p. 10).

4. Prenez cet assemblage en sandwich entre les deux rectangles de tissu de 21,5 x 22 cm (extérieur et doublure). L'endroit des tissus est contre le vinyle et la tirette de la fermeture fait face au tissu extérieur (b).

5. Cousez le haut de l'assemblage (côté fermeture) à 0,75 cm du bord. Retournez sur l'endroit et repassez la couture (c).

»

a

b

c

All
you
need
is
love

d

e

f

»

6. Repliez les tissus sur l'arrière de la pochette. Le tissu de doublure est visible derrière le vinyle (d).

7. Surpiquez le long de la couture, à 0,75 cm du bord (e).

8. Égalisez et recoupez les surplus de tissu sur les côtés et sur le bas de la pochette.

9. Posez du biais de chaque côté de la pochette, avec un rentré seulement côté fermeture. Puis posez du biais sur le bas de la pochette avec un rentré des deux côtés (f).

Variante

Confectionnez des pochettes de tailles différentes :

- modifiez la hauteur des trousses en diminuant la taille du vinyle et des rectangles de tissus. Prenez par exemple 17 x 22 cm pour les tissus et 12 x 22 cm pour le vinyle ;
- variez la largeur de la trousse en utilisant différentes tailles de fermeture Éclair (la largeur du tissu et du vinyle doit être égale à la longueur de la fermeture Éclair + 2 cm).

• ÉTUI SUR UN FIL •

J'ai cousu ces mini-étuis en pensant à l'automne. Je les ai imaginés accrochés à une branche de noisetier en décoration de table, entourés d'amandes, de noix et de jolies feuilles d'arbre. Mais vous pouvez tout aussi bien les utiliser pour offrir des présents, pour y glisser une carte accompagnant un cadeau ou encore les multiplier pour confectionner un calendrier de l'avent.

NIVEAU DE DIFFICULTÉ : ★ - DIMENSIONS 10,5 X 7 CM

★ Matériel

Dimensions marges de couture comprises.

1 coupon de 18 x 29 cm de tissu extérieur

1 coupon de 18 x 29 cm de doublure

1 morceau de 16,5 x 27,5 cm de voile thermocollant

2 œillets avec kit de pose ou chutes de Velcro d'environ 1 cm

Ficelle, ruban ou Baker's Twine

Bouton décoratif

Kit de base (voir p. 5)

Gabarit (voir p. 61)

Préparation

1. À l'aide du gabarit (voir p. 61), préparez l'étui en utilisant la technique du gabarit en thermocollant (voir le détail de cette technique p. 9) : découpez le gabarit dans le thermocollant, appliquez-le au fer sur l'envers du tissu extérieur.

2. Placez la doublure sur le tissu extérieur, endroit contre endroit, et cousez au point droit juste à l'extérieur du pourtour du thermocollant, en laissant une ouverture.

3. Coupez les marges de couture à 3 mm sauf en face de l'ouverture où vous laissez 0,75 cm.

Conseil *Si vous n'avez pas de pince à œillets, vous pouvez coudre une chute de Velcro sur le rabat et le devant de l'étui. L'emplacement est indiqué sur le gabarit. Le Velcro se pose sur la doublure du rabat et sur le tissu extérieur du devant.*

4. Retournez sur l'endroit, fermez l'ouverture à points glissés (voir le détail de ce point p. 10) et surpiquez à 3 mm du bord.

Pliage et assemblage

5. Réalisez les pliages au fer à repasser le long des pointillés du gabarit en suivant les indications des photos : côtés (a), rabat (b) et devant (c). (Les photos montrent le tissu de la doublure.)

»

a

b

c

d

e

f

g

h

Variante

Vous pouvez réduire ou agrandir le gabarit à la photocopieuse pour confectionner des étuis de tailles différentes.

»

6. Juxtaposez le point A et le point A' et réalisez une couture à la main entre le coin et les points A-A'. Répétez l'opération pour les points B-B' (d).

7. Repliez les côtés et rabattez le devant de l'étui (e).

8. Maintenez en place à l'aide de pinces ou d'épingles. Faites une couture à la main pour fixer le devant sur les côtés (f).

9. Posez un œillet à l'emplacement noté sur le gabarit. Placez le deuxième œillet sur le dos de l'étui, en face du premier (g).

10. Glissez un bout de ficelle dans les deux œillets pour fermer l'étui (h).

11. Cousez un bouton décoratif sur le devant de l'étui.

Conseil ***Si vous n'avez pas de pince à œillets, vous pouvez coudre un ruban au dos de l'étui pour le suspendre. Masquez alors la couture du ruban avec une petite étiquette ou un bouton.***

• TROUSSE NŒUD PAP' •

Ce petit porte-monnaie habillé d'un élégant nœud papillon vous accompagnera partout. Utilisez les chutes des blouses, tuniques ou robes que vous avez cousues pour confectionner une trousse assortie à chaque tenue.

NIVEAU DE DIFFICULTÉ : ★★ - DIMENSIONS 12 X 6 X 4 CM

★ Matériel

Dimensions marges de couture non comprises.

- 10 x 12 cm de tissu pour la poche extérieure
- 15 x 30 cm de tissu extérieur
- 2 rectangles de 4 x 6 cm de tissu contrasté pour les côtés (extérieur)
- 15 x 30 cm de doublure
- 2 rectangles de 4 x 6 cm pour les côtés (doublure)
- 30 x 25 cm de molleton thermocollant
- 1 fermoir magnétique à coudre de diamètre 1 cm
- Chutes de tissu et de ruban pour le nœud papillon
- Kit de base (voir p. 5)
- Gabarits (voir p. 62)

Préparation

Pensez à ajouter les marges de couture aux dimensions indiquées.

1. Pour préparer la poche, pliez le tissu en deux, envers contre envers, pour obtenir un rectangle de 5 x 12 cm. Faites une surpiqûre au point droit le long du pli.

Conseil ***Si le tissu de la poche est très fin, entoilez-le avant couture avec du voile thermocollant (rectangle de 4 x 11,5 cm).***

2. Découpez les gabarits A et B (voir p. 62) dans le tissu extérieur.

3. Entoilez ces deux éléments ainsi que les deux rectangles de 4 x 6 cm avec du molleton. Attention, le molleton doit être coupé sans marges de couture.

4. Découpez les gabarits A et B dans le tissu de doublure.

Assemblage

5. Positionnez la poche sur l'élément A et assemblez-la avec un point zigzag (a).

6. Cousez les côtés de la trousse en haut de l'élément B, endroit contre endroit, en débutant et arrêtant la couture en face du molleton (marges de couture) (b).

»

a

b

»

7. Placez endroit contre endroit les pièces A et B (c).

8. Cousez, comme pour les côtés, en démarrant et arrêtant la couture avant le bord (d).

9. Repliez un des côtés vers le dos (A) endroit contre endroit (e). Assemblez au point droit.

10. Répétez l'opération de l'autre côté (f).

11. Cousez de la même manière les côtés sur le devant (B) de la trousse (g).

12. Reprenez les étapes 6 à 11, sans la poche et sans le molleton, avec les tissus de la doublure.

13. Insérez la doublure dans la trousse, endroit contre endroit (h). Épinglez soigneusement la trousse et la doublure.

14. Démarrez la couture sur le devant de la trousse, puis cousez tout le pourtour au point droit en laissant une ouverture de quelques centimètres sur le devant.

15. Retournez sur l'endroit. Fermez l'ouverture à points glissés (voir le détail de ce point p. 10).

16. Repassez soigneusement puis réalisez une surpiqûre sur le pourtour du rabat et du devant, à 3 mm du bord.

17. Cousez le fermoir magnétique à la main. Sa position est indiquée en pointillés sur le gabarit (i).

c

d

e

f

g

h

i

j

k

l

Nœud papillon

18. Cousez, endroit contre endroit, deux rectangles de 4 x 5 cm (marges de couture non comprises), en laissant une ouverture de quelques centimètres sur un côté.

19. Retournez sur l'endroit. Fermez l'ouverture à points glissés et surpiquez le pourtour.

20. Pliez le rectangle en accordéon, faites un petit point à la main au centre pour le maintenir en place (j).

21. Confectionnez un petit anneau avec un bout de ruban d'environ 3 cm de long. Fixez-le autour de l'accordéon avec quelques points cousus à la main (k).

22. Cousez le nœud papillon sur le devant de la trousse en prenant dans la couture le ruban, l'accordéon et le rabat de la trousse (l).

Variante

Insérez des rubans sur les côtés de la trousse pour réduire son volume quand elle est peu remplie et ajouter une petite note décorative (m). Pour cela, préparez 4 chutes de ruban de 15 cm de long. Aux étapes 9, 10 et 11, insérez le ruban entre les deux épaisseurs de tissu avant de coudre (n, o). Le ruban est positionné à 2 cm du bord haut du tissu.

m

n

o

• CLÉS EN MAIN ! •

Fini de chercher ses clés à longueur de journée ! Ce petit porte-clés fait aussi office de porte-cartes avec ses poches et son grand compartiment. Il se glisse facilement dans une veste ou dans le sac de votre ado, qui prendra plaisir à choisir avec vous les chutes de ses tissus préférés pour le confectionner.

NIVEAU DE DIFFICULTÉ : ★★ - DIMENSIONS 7,5 X 11 CM

★ Matériel

Dimensions marges de couture de 0,75 cm comprises.

4 rectangles de 9 x 10 cm pour les poches

2 rectangles de 3,5 x 6 cm de tissu assorti pour accrocher les clés

1 rectangle de 12,5 x 16,5 cm de tissu extérieur

1 rectangle de 4 x 6 cm de tissu extérieur pour l'attache

2 rectangles de 9 x 12,5 cm de doublure

1 rectangle de 4 x 6 cm de doublure pour l'attache

2 rectangles de 12,5 x 16,5 cm de doublure pour la grande poche

2 rectangles de 7,5 x 8,5 cm de voile thermocollant

1 rectangle de 2,5 x 5 cm de voile thermocollant

1 bouton-pression

Kit de base (voir p. 5)

Gabarit (voir p. 60)

Préparation des poches

1. Utilisez la technique du gabarit en thermocollant (voir le détail de cette technique p. 9) : découpez le gabarit de la poche (voir p. 60) dans le grand rectangle de voile thermocollant. Appliquez-le au fer, sur l'envers, au centre de l'un des tissus de la poche.

2. Positionnez l'ensemble, endroit contre endroit, sur un autre rectangle destiné à la poche. Faites une couture le long du haut du gabarit (a).

3. Réduisez la marge de couture à 3 mm (b). Retournez sur l'endroit. Repassez puis surpiquez à 3 mm du bord.

4. Positionnez l'ensemble sur l'endroit du tissu de la doublure et faites un point zigzag sur trois côtés pour maintenir en place (c).

5. Répétez les étapes 1 à 4 pour réaliser la seconde poche.

6. Préparez l'accroche pour les clés : cousez, endroit contre endroit, les deux rectangles de 3,5 x 6 cm, sur leur longueur uniquement. Retournez sur l'endroit puis surpiquez les côtés à 3 mm du bord.

7. Pliez l'élément en deux dans la largeur puis cousez-le à l'aide d'un point zigzag centré en haut de la doublure d'une poche.

»

a

b

c

»

8. Placez les deux poches endroit contre endroit et cousez-les au point droit le long d'un grand côté (d).

Préparation de la pochette

9. Arrondissez les coins bas, gauche et droit, des poches et du tissu extérieur (voir le détail de cette technique p. 10) (e).

10. Préparez l'attache extérieure : arrondissez les deux coins d'une extrémité du rectangle de 2,5 x 5 cm en thermocollant. Fixez-le au fer à repasser, centré sur le tissu le plus fin de l'attache.

11. Placez la doublure et le tissu extérieur de l'attache endroit contre endroit. Cousez le long des côtés et de l'arrondi, laissez le bas ouvert (f). Retournez sur l'endroit puis surpiquez les côtés et l'arrondi.

12. Posez la première moitié du bouton-pression à l'extrémité de l'attache (voir comment procéder p. 9).

Astuce ***Cousez un morceau de Velcro ou un bouton-pression au bout de l'attache si vous n'avez pas de pince pour pressions sans couture. Posez la deuxième partie du Velcro sur le tissu extérieur, à 2,75 cm du bord d'un petit côté, en le centrant dans la hauteur.***

13. Épinglez l'attache sur le côté droit des poches en la centrant dans la hauteur. Le côté qui sera visible sur la pochette doit se trouver sur le dessus. Placez le tissu extérieur sur les poches, endroit contre endroit (g).

14. Cousez les côtés et le bas de l'assemblage. Retournez sur l'endroit et repassez.

d

e

f

g

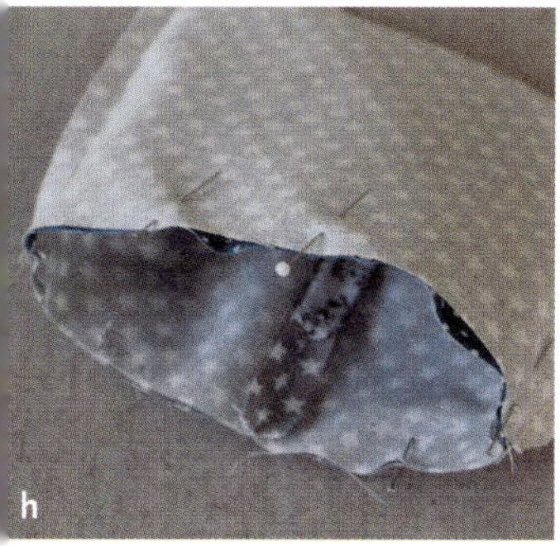
h

i

j

Finition de la pochette

15. Préparez la grande poche : arrondissez les coins bas, gauche et droit, des rectangles de 12,5 x 16,5 cm de doublure. Cousez les deux rectangles, endroit contre endroit, sur trois côtés.

16. Placez la pochette dans cette grande poche, endroit contre endroit (h).

17. Cousez le pourtour en laissant une ouverture de quelques centimètres. Retournez sur l'endroit. Fermez l'ouverture à petits points glissés (voir le détail de ce point p. 10). Surpiquez à 3 mm du bord (i).

18. Placez l'autre moitié du bouton-pression sur l'extérieur de la pochette (j).

Variante

Modifiez la grande poche en ajoutant une fermeture Éclair de 15 cm. Pour cela, à partir de l'étape 11, procédez comme suit : cousez la fermeture Éclair (voir le détail de cette technique p. 8) entre les rectangles de doublure d'une part, le tissu extérieur et l'assemblage des poches d'autre part (k).

Ouvrez ensuite la fermeture Éclair et repliez, endroit contre endroit, les deux parties de la trousse, de part et d'autre de la fermeture : les deux doublures sont face à face, les poches et le tissu extérieur se font face eux aussi.

Épinglez l'attache extérieure sur une poche, entre les deux épaisseurs (l).

Cousez le pourtour en laissant une ouverture de quelques centimètres. Retournez sur l'endroit et fermez l'ouverture à petits points glissés.

k

l

• PIQUE-ÉPINGLES 2CV •

Partez en balade et flânez sur les chemins de traverse avec cette 2CV originale à l'allure un tantinet bohème. Piquez-y quelques épingles avant que vos enfants ne la réquisitionnent pour jouer aux voitures !

NIVEAU DE DIFFICULTÉ : ★★ - DIMENSIONS 15 X 5 CM

★ Matériel

Dimensions marges de couture comprises.

- 2 rectangles d'environ 10 x 20 cm de tissu (motif pois)
- 1 bande de tissu assorti de 7 x 45 cm
- Chutes de tissus à motifs pour les fenêtres et ailes
- 2 rectangles de 6 x 16 cm de voile thermocollant
- 2 rectangles de 6 x 16 cm de Decovil de Vlieseline
- Chutes de voile thermocollant double face
- Fil à broder
- 13 x 5 cm de carton fin (type boîte de céréales)
- 4 boutons de 2 cm de diamètre
- Ouatine
- Kit de base (voir p. 5)
- Gabarits (voir p. 61)

Préparation

1. Découpez une première fois le gabarit de la 2CV (voir p. 61) dans l'entoilage fin et dans l'entoilage Decovil. Découpez une deuxième fois en retournant le gabarit sur l'envers pour obtenir une forme symétrique (a).

2. Appliquez le thermocollant sur les deux tissus à pois et découpez à 1 cm du gabarit en thermocollant (b).

3. Transférez le motif des côtés de la 2CV sur les tissus à pois, au feutre effaçable. Brodez au point de tige (voir le détail de ce point p. 11), en deux fils, les contours des portes et fenêtres sur les deux faces de la 2CV (c).

4. Découpez et entoilez les autres éléments (fenêtres et ailes) avec le thermocollant double face (voir les gabarits p. 61). Comme pour le corps de la 2CV, pensez à retourner les gabarits, en miroir, pour les deux faces de la voiture.

5. Thermocollez les éléments sur les deux côtés de la voiture. Surpiquez le contour des tissus (d).

»

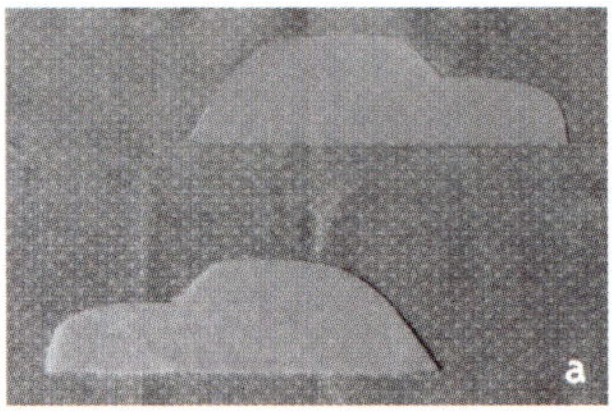
a

b

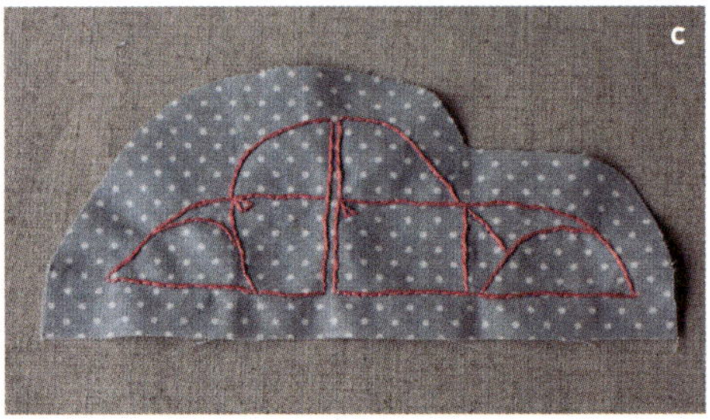
c

d

»

6. Positionnez le Decovil par-dessus l'entoilage des côtés et repassez. Le Decovil sert à rigidifier les deux côtés de la 2CV afin que le rembourrage ne déforme pas le pique-épingles.

Astuce ***Vous pouvez remplacer le Decovil par deux gabarits découpés dans du carton fin que vous glisserez à l'intérieur du pique-épingles avant de le rembourrer.***

Assemblage

7. La longueur de la bande de tissu nécessaire à l'assemblage de la 2CV peut varier légèrement d'une couturière à l'autre ; pour de belles finitions il est donc conseillé d'adapter la longueur directement sur l'ouvrage. Pour cela, bâtissez à la main la bande de tissu sur le pourtour d'un des côtés de la 2CV, en veillant à démarrer sous la 2CV (e).

8. Faites une marque à l'endroit où les deux extrémités de la bande se chevauchent (f).

9. Ajoutez deux fois votre marge de couture après la marque effectuée (si votre marge de couture est de 0,75 cm, rallongez de 1,5 cm la bande de tissu par rapport à la marque). Coupez l'excédent de tissu.

10. Décousez quelques points du bâti puis cousez, endroit contre endroit, les deux extrémités de la bande pour obtenir un anneau.

11. Réalisez une couture à la machine sur le bâti. Retirez les fils du bâti puis crantez soigneusement les angles (g).

12. Bâtissez de la même manière la deuxième face de la 2CV sur l'anneau, en veillant à placer la couture de l'anneau au même endroit sur les deux faces de la voiture.

13. Cousez le pourtour de l'anneau (h) en laissant une ouverture de plusieurs centimètres sur le fond de la 2CV.

14. Retournez sur l'endroit (i).

15. Glissez le rectangle en carton à l'intérieur du pique-épingles, sur le fond de la voiture. Rembourrez avec l'ouatine puis refermez l'ouverture à points glissés (voir le détail de ce point p. 10) (j).

16. Cousez les boutons des roues sur les quatre côtés de la voiture.

• SEMAINIER BUSY •

Voici un agenda original pour planifier votre semaine : une poche par jour ! L'accessoire idéal pour les mamans organisées ou pour les brodeuses et crocheteuses frénétiques. Un jour, un encours ?

NIVEAU DE DIFFICULTÉ : ★★★ - DIMENSIONS 16 X 19 CM

★ Matériel

Dimensions marges de couture de 0,75 cm comprises.

Pour une poche, à préparer dans six tissus assortis :

2 rectangles de 16 x 19 cm + 1 bande de 6 x 19 cm

1 rectangle de 14,5 x 17,5 cm d'entoilage si le tissu est fin

1 rectangle de 15 x 19 cm en vinyle

1 chute de Velcro d'environ 1 cm

31 cm de biais

Pour la couverture :

1 rectangle de 14,5 x 20,5 cm de tissu extérieur

1 rectangle de 20,5 x 22,5 cm dans le même tissu

1 rectangle de 7 x 20,5 cm dans un tissu assorti pour la reliure

2 rectangles de 13,5 x 18,5 cm dans un tissu assorti pour la poche intérieure

1 rectangle de 41 x 20,5 cm de doublure

1 rectangle de 41 x 20,5 cm de molleton thermocollant

1 rectangle de 5 x 19 cm de voile thermocollant

6 cm de Velcro

1 étiquette décorative

Kit de base (voir p. 5)

Gabarit (voir p. 63)

Confection des poches

1. Les six poches sont construites deux à deux : appariez donc les six tissus pour obtenir trois groupes de deux.

2. Si vous utilisez des tissus fins (voiles ou tissu Liberty), entoilez six rectangles de 16 x 19 cm sur l'envers (un de chaque tissu).

3. Placez un rectangle de vinyle en sandwich entre deux rectangles de 16 x 19 cm appariés, endroit des tissus contre le vinyle. Veillez à ce que les trois épaisseurs soient bien alignées sur l'un des bords longs.

4. Piquez les trois épaisseurs à 0,75 cm du bord (voir comment procéder pour coudre du vinyle p. 10) (a ; le vinyle est bleu sur la photo pour une meilleure visibilité).

5. Cousez, endroit contre endroit, le côté opposé des deux rectangles de tissu en roulant le vinyle pour éviter de le prendre dans la couture (b).

6. Retournez sur l'endroit. Repassez les coutures en veillant à ne pas poser le fer sur le vinyle.

7. Répétez les étapes 3 à 6 avec le tissu que vous avez choisi d'associer au premier.

8. Prenez les bandes de 6 x 19 cm dans les tissus identiques à ceux des deux poches préparées. Faites un rentré de 1 cm de part et d'autre sur la longueur et repliez en deux comme pour un biais (c).

9. Prenez l'élément confectionné dans le premier tissu, associez-le avec la bande réalisée dans le second tissu. Glissez le vinyle à l'intérieur de la bande de tissu. Maintenez avec des pinces ou des épingles puis cousez en place (d).

»

a

b

c

d

»

10. Cousez un morceau de Velcro sur le biais, à 5 mm du bord, en le centrant dans la largeur. Cousez, de la même manière, le côté opposé du Velcro sur le tissu (e).

11. Répétez les étapes 9 et 10 pour l'autre élément. Veillez à toujours placer le même côté du Velcro sur le biais (par exemple, placez toujours le côté « crochets »).

12. Positionnez l'un sur l'autre les deux éléments. Les Velcro sont à l'intérieur, le vinyle d'un côté fait face au tissu de l'autre partie (f).

Conseil ***Vous pouvez poser des boutons-pression à la place du Velcro. Veillez cependant à ne pas poser des pressions sur toutes les poches ou bien à ne pas les placer au même endroit, cela entraînerait une importante surépaisseur localisée une fois le livre refermé.***

13. Cousez les grands côtés à 0,75 cm du bord. Réduisez les marges de couture à 3 mm.

14. Posez un biais sur les grands côtés en faisant un rentré de 1 cm à chaque extrémité du biais.

15. Pliez l'assemblage en deux et repassez pour marquer le pli au centre des poches. Vous avez réalisé deux poches (g).

16. Répétez les étapes 3 à 15 avec les deux autres paires de tissus.

Confection de la couverture

17. Taillez des biseaux dans le tissu de 20,5 x 22,5 cm comme indiqué sur le schéma ci-dessous, pour obtenir le dos + rabat.

18. Cousez la reliure (rectangle de 7 x 20,5) sur le devant, endroit contre endroit (h).

19. Assemblez cet élément, du côté de la reliure, avec le dos + rabat du semainier, endroit contre endroit (i).

»

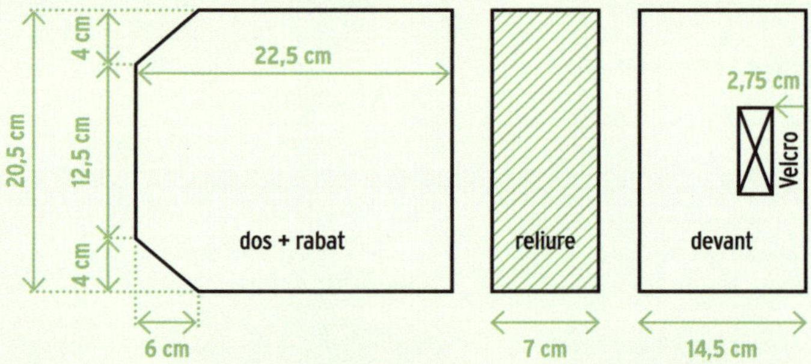

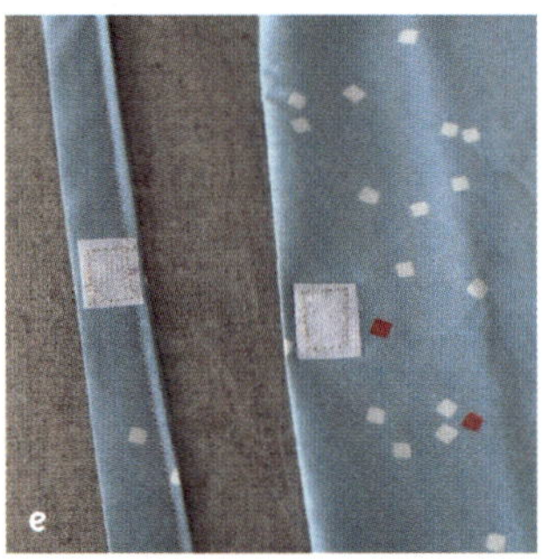
e

f

g

h

i

JEUDI
LUNDI
SAMEDI
DIMANCHE

20. Découpez le molleton thermocollant en vous aidant du schéma ci-dessous mais sans marges de couture (enlevez 0,75 cm sur chaque bord).

21. Entoilez l'envers de l'assemblage de la couverture avec le molleton.

22. Cousez la partie « crochets » du Velcro à 2,75 cm du bord du devant, centré dans la hauteur. Ajoutez une étiquette décorative (voir comment confectionner une étiquette p. 7) au dos du semainier, à environ 5 cm de la reliure et à 2,5 cm du bas (j).

23. Préparez la poche intérieure du semainier : positionnez les tissus endroit contre endroit. Coupez l'angle haut droit des tissus en diagonale, à 5 cm du bord. Cousez le long de la diagonale et des deux côtés contigus (k).

24. Retournez sur l'endroit, repassez et surpiquez à 3 mm du bord.

25. Retaillez la doublure aux dimensions de la couverture comme indiqué sur le schéma ci-dessous. Cousez la poche à points zigzag sur l'endroit de la doublure, dans le coin bas gauche (l).

26. Fixez le rectangle de 5 x 19 cm de thermocollant sur l'envers du tissu de la doublure, à 14 cm du bord rectiligne. Cette pièce renforce le tissu sur la reliure, là où les poches seront cousues (m).

27. Cousez la deuxième moitié du Velcro à 2 cm du bord du rabat, centré dans la hauteur (n).

Astuce ***Si vous n'avez pas une longue bande de tissu pour la doublure, vous pouvez faire le même assemblage en trois parties que celui réalisé pour l'extérieur du semainier.***

28. Placez une première paire de poches sur la doublure en positionnant le pli central marqué au fer à 16,5 cm du bord côté poche de la doublure. Faites une couture droite le long du pli (o).

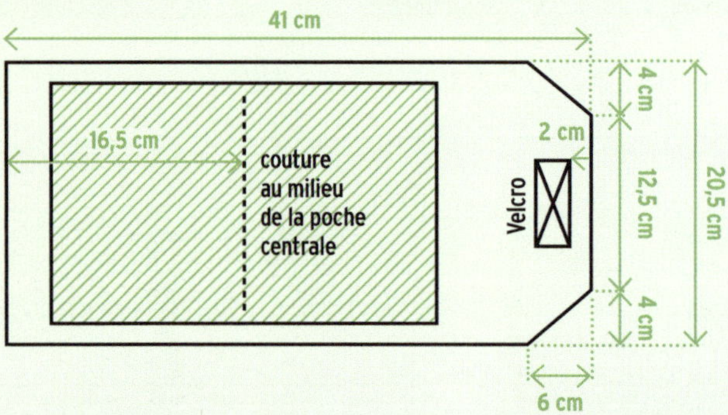

j

k

l

m

n

o

p

q

r

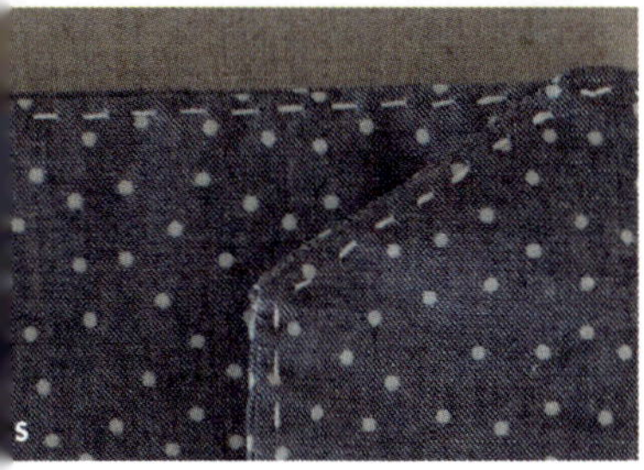
s

t

u

29. Repliez la poche vers la gauche pour que ses deux pages se superposent. Placez la deuxième double poche sur la doublure en la décalant de 5 mm vers la droite par rapport à celle déjà cousue. Faites une couture le long du pli central de la poche (p).

30. Rabattez les quatre pages cousues vers la droite. Placez la dernière double poche sur la doublure en la décalant de 5 mm vers la gauche par rapport à la première. Faites une couture le long du pli central de la poche (q).

31. Assemblez le tissu extérieur et la doublure. Pour cela, rabattez toutes les poches du côté du rabat, placez le tissu extérieur sur la doublure, endroit contre endroit (r).

32. Cousez le pourtour du devant, arrêtez la couture au niveau de la reliure. Rabattez les poches de l'autre côté et poursuivez la couture du pourtour en laissant l'extrémité du rabat ouvert. Ce changement de position des poches facilite la couture en évitant une surépaisseur.

Astuce *Utilisez le pied spécial fermeture Éclair pour la couture du pourtour. Moins large que le pied standard, il passera plus facilement le long des poches.*

33. Retournez l'ouvrage sur l'endroit. Fermez le rabat à points glissés (voir le détail de ce point p. 10).

34. Faites un point avant à la main pour décorer la bordure du semainier (s).

Finitions

35. À l'aide du gabarit (voir p. 63), préparez sept tags en utilisant la technique du gabarit en thermocollant (voir le détail de cette technique p. 9).

36. Sur chaque tag, inscrivez le jour de la semaine en écrivant au feutre textile, en utilisant du papier transfert (t) (voir comment procéder p. 8) ou en brodant.

v

37. Glissez chaque étiquette dans la poche correspondante, ou fixez-les avec un petit point à la main aux quatre coins (u). La poche intérieure peut servir à ranger ces étiquettes si elles ne sont pas cousues (v).

N
Y
love

• PARIS-NEW YORK •

Embarquez pour le bout du monde en toute sérénité avec Paris-New York. Cette pochette, avec son petit mousqueton et ses multiples rangements, regroupera tous vos documents. Et pourquoi ne pas glisser quelques souvenirs dans sa poche zippée ?

NIVEAU DE DIFFICULTÉ : ★★★ - DIMENSIONS 12 X 20 CM

★ Matériel

Dimensions marges de couture de 0,75 cm comprises.

Pour le rabat :

1 rectangle de 11,5 x 21 cm (poche A - motif fleurs)

1 rectangle de 11,5 x 21 cm (poche B - motif carreaux)

2 rectangles de 11,5 x 22 cm (motif étoiles fond rouge)

2 rectangles de 22 x 22,5 cm en lin

22 cm de biais ou galon de largeur minimale 1 cm

35 cm de biais ou galon pour la sangle extérieure

1 fermoir magnétique à coudre de 1,5 cm

1 mousqueton de 3 cm

1 étiquette décorative

Pour la trousse :

1 rectangle de 19 x 22 cm (poche C - motif fleurs rouges sur fond blanc)

1 rectangle de 20 x 22 cm (poche D - motif fleurs rouges sur fond blanc)

2 rectangles de 9,5 x 17,5 cm (motif étoiles fond rouge)

2 rectangles de 14 x 22 cm en lin

2 rectangles de 14 x 22 cm pour la doublure (motif carreaux)

1 rectangle de 9 x 20,5 de voile thermocollant pour la poche D

22 cm de galon de largeur minimale 1 cm

1 fermeture Éclair de 20 cm

Fil à broder

Kit de base (voir p. 5)

Préparation des poches

1. Cet ouvrage comporte de nombreuses poches, elles sont réalisées en pliant en deux le coupon de tissu, envers contre envers, et en faisant une surpiqûre droite à 3 mm du pli.

Préparez les poches suivantes :

- pour le rabat, 2 poches (A et B) de 11,5 x 10,5 cm dans les rectangles de 11,5 x 21 cm ;
- pour la trousse :
  - 1 poche (C) de 9,5 x 22 cm dans le rectangle de 19 x 22 cm ;
  - 1 poche (D) de 10 x 22 cm dans le rectangle de 20 x 22 cm.

Pour la poche D, fixez le thermocollant le long du pli, à l'intérieur de la poche (sur l'envers du tissu) puis surpiquez au point droit à 3 mm du pli.

Préparation du rabat

2. Positionnez la poche A sur un rectangle de 11,5 x 22 cm, côté endroit. La poche est placée à 3,25 cm du haut. Faites une couture droite en bas de la poche (a).

3. Positionnez la poche B alignée sur le bas de l'assemblage précédent, elle vient couvrir partiellement la première poche. Faites un point zigzag sur le bas de la poche pour la maintenir en place.

4. Superposez sur cet assemblage le second rectangle de 11,5 x 22 cm, endroit contre endroit, et faites une couture le long du côté gauche (b).

5. Retournez le second rectangle de 11,5 x 22 cm sur l'envers. Repassez et surpiquez à 3 mm du bord.

»

a

b

»

6. Découpez les deux pièces en lin du rabat en suivant les indications du schéma ci-contre.

7. Positionnez l'assemblage de poches sur l'endroit d'une de ces pièces, à 3 cm du bord rectiligne. Faites une couture le long du côté droit de la poche pour la maintenir en place.

8. Cousez le galon à cheval sur le bord droit des poches (c).

9. Cousez le fermoir magnétique sur la partie biseautée du rabat, à environ 1,5 cm du bord et en le centrant dans la hauteur (voir le schéma ci-contre).

10. Préparez la sangle de fermeture de la pochette : faites une boucle d'environ 2 cm à une extrémité du galon.

11. Cousez cette boucle sur l'endroit du second morceau de lin, au centre (d).

12. Cousez une étiquette décorative (voir comment confectionner une étiquette p. 7) par-dessus le galon (e).

13. Placez les deux parties du rabat l'une sur l'autre, endroit contre endroit. Cousez le côté biseauté et les deux côtés qui lui sont contigus (f), retournez sur l'endroit et surpiquez à 3 mm du bord. Le bord rectiligne n'a pas besoin d'être cousu.

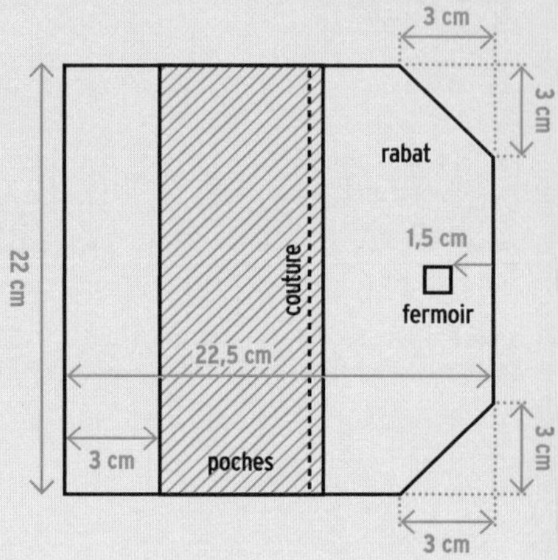

c

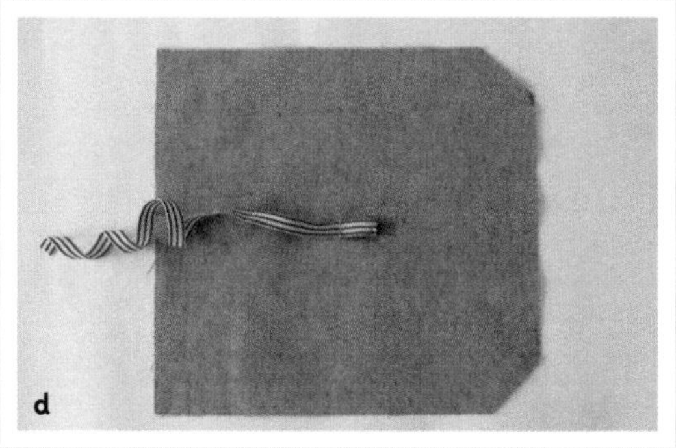
d

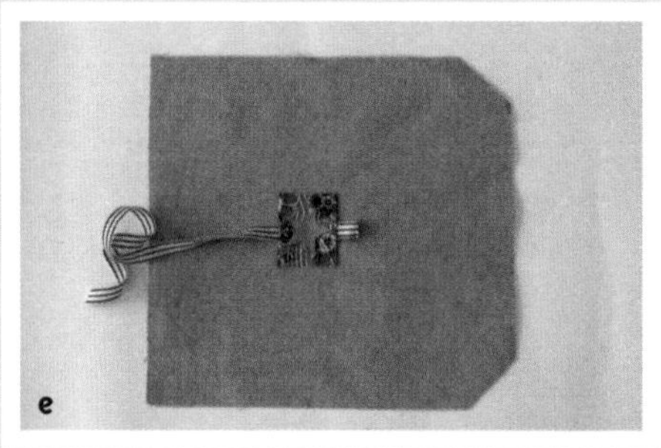
e

f

g

h

i

j

k

l

m

Préparation de la trousse

14. Découpez un arrondi (voir comment procéder p. 10) dans un coin des rectangles de 9,5 x 17,5 cm.

15. Assemblez les deux pièces endroit contre endroit le long de l'arrondi. Retournez sur l'endroit, repassez et surpiquez à 3 mm du bord (g).

16. Placez cette poche arrondie sur la poche C. Veillez à ce que les tissus soient bien alignés sur le bord droit (côté non cousu de la poche C).

17. Positionnez l'ensemble sur l'endroit d'un rectangle en lin de la trousse, en le centrant dans la largeur (h).

18. Faites une couture sur le côté droit des poches. Placez le galon à cheval sur le bord des poches. Cousez en place (i).

19. Alignez la poche D sur le second coupon de lin. Faites un point zigzag sur les côtés et sur le bas pour maintenir la poche en place (j).

20. Cousez la fermeture Éclair (voir le détail de cette technique p. 8) entre les rectangles de doublure d'une part et les assemblages extérieurs de la trousse (poches C et D) d'autre part (k).

Assemblage

21. Ouvrez la fermeture Éclair et repliez de part et d'autre, endroit contre endroit, les deux parties de la trousse : les doublures sont face à face, les tissus extérieurs également (l).

22. Glissez le rabat entre les deux tissus extérieurs de la trousse en l'enroulant sur lui-même pour qu'il ne dépasse pas. Les poches du rabat font face aux poches intérieures de la trousse (m).

»

»

23. Cousez le pourtour de la trousse en laissant une ouverture assez grande sur le grand côté de la doublure.

24. Retournez sur l'endroit puis fermez l'ouverture à petits points glissés (voir le détail de ce point p. 10).

25. Cousez la deuxième partie du fermoir magnétique sur la poche frontale (n).

26. Attachez le mousqueton à la boucle cousue sur le rabat. Faites le tour de la pochette avec l'extrémité libre du galon, passez-la dans le mousqueton et ajustez sa longueur. Détachez le mousqueton et cousez le galon en place (o, p).

27. Faites une surpiqûre à la main, au fil à broder, sur la bordure du rabat (q).

n

o

p

q

• SEWING KIT •

Voici un petit nécessaire à couture qui devrait être le compagnon idéal de vos encours. Fils, épingles, aiguilles, ciseaux et boutons trouvent tous leur place dans l'accordéon qui se dévoile hors de sa pochette.

NIVEAU DE DIFFICULTÉ : ★★★ - DIMENSIONS 10 X 11,5 CM

★ Matériel

Dimensions marges de couture de 0,75 cm comprises.

Pour le fond des pans de l'accordéon :

5 rectangles de 9,5 x 11,5 cm de coton blanc

Fils à broder assortis

Pour la poche fermée :

2 rectangles de 8 x 9 cm de tissu pour la poche (bleu à motifs géométriques)

2 rectangles de 8 x 5 cm du même tissu pour le rabat

1 rectangle de 6 x 7 cm + 1 rectangle d'environ 4 x 7 cm de voile thermocollant

1 bouton-pression avec kit de pose

Pour le pique-aiguilles :

1 rectangle de 5 x 7 cm de tissu (Liberty)

1 rectangle de 5,5 x 3,5 cm de tissu (rose à pois)

1 rectangle de 5 x 7 cm de voile thermocollant double face

5,5 cm de galon

1 chute de dentelle

Pour les pochettes ciseaux et boutons :

2 rectangles d'environ 18 x 10 cm de tissus différents (Liberty et motif losanges)

30 cm de ruban

Pour le pique-épingles :

1 rectangle de 7 x 8,5 cm de tissu (moutarde)

1 rectangle de 7 x 8,5 cm de voile thermocollant double face

1 rectangle de 6 x 5 cm de feutrine

1 bouton

Pour assembler l'accordéon :

1 rectangle de 9,5 x 11,5 cm de coton blanc

1 rectangle de 11,5 x 33,5 cm de coton blanc

4 rectangles de 7,5 x 9,5 cm de Decovil de Vlieseline

11 x 33,5 cm de tissu pour les poches au dos de l'accordéon (rose à pois)

1 chute de ruban d'environ 3 cm

Pour l'extérieur du sewing kit :

9 rectangles de 4,5 x 5,5 cm de tissus assortis

1 rectangle de 11,5 x 13,5 cm de tissu (Liberty)

1 rectangle de 2,5 x 13,5 cm de tissu (moutarde)

1 rectangle de 3 x 13,5 cm du même tissu

2 rectangles d'environ 5 x 7,5 cm de tissu (Liberty) pour l'attache

1 rectangle de 12 x 21,5 cm de molleton thermocollant

1 rectangle de 3,5 x 6 cm de voile thermocollant

1 étiquette décorative d'environ 2,5 x 4,5 cm

1 chute de Velcro d'environ 1 cm

Pour l'intérieur du sewing kit :

2 rectangles de 11,5 x 13,5 cm de tissu pour la doublure (bleu à motifs géométriques)

2 rectangles de 9,5 x 11,5 cm de tissu pour la poche (Liberty)

1 rectangle de 3 x 18 cm de tissu pour le porte-stylo (Liberty)

1 rectangle de 3 x 13,5 cm de tissu pour la doublure du porte-stylo (bleu à motifs géométriques)

1 rectangle de 8 x 10 cm de voile thermocollant

Kit de base (voir p. 5)

Gabarits (voir p. 63)

La pochette s'ouvre pour dévoiler un accordéon. Chaque pan est préparé séparément, ils seront ensuite assemblés.

Poche fermée

1. Découpez le rabat de la poche à l'aide du gabarit (voir p. 63) dans le voile thermocollant de 4 x 7 cm.

2. Préparez la poche puis le rabat en utilisant la technique du gabarit en thermocollant (voir le détail de cette technique p. 9) : appliquez au fer le thermocollant du rabat sur l'envers du rectangle de 5 x 8 cm. Appliquez le rectangle de 6 x 7 cm de thermocollant sur l'envers d'un rectangle de tissu bleu (8 x 9 cm).

3. Disposez l'autre pièce de tissu de même taille, endroit contre endroit.

4. Cousez le pourtour du rabat puis celui de la poche en laissant une ouverture de quelques centimètres.

»

»

5. Recoupez à 3 mm de la couture, sauf en face de l'ouverture où vous laissez la marge de couture de 0,75 cm (a).

6. Crantez les angles. Retournez sur l'endroit et fermez les ouvertures à petits points glissés (voir le détail de ce point p. 10).

7. Posez le bouton-pression (voir comment procéder p. 9) sur la poche et le rabat, centré dans la largeur, à environ 1 cm du haut de la poche.

Astuce ***Si vous n'avez pas de pince à pression, cousez un bouton-pression à coudre ou un morceau de Velcro de 1 cm.***

8. Cousez la poche sur un des rectangles de coton blanc de 9,5 x 11,5 cm : la poche est positionnée à 1,75 cm du bas, centrée dans la largeur (b).

9. Cousez le rabat à 1,75 cm du haut du coton blanc (c).

Pique-aiguilles

10. Thermocollez le voile double face de 5 x 7 cm au dos du plus grand rectangle (Liberty).

11. Découpez aux ciseaux cranteurs le pourtour des deux rectangles de tissu.

12. Grâce au voile thermocollant double face, fixez le plus grand rectangle sur un rectangle de coton blanc, à 1,5 cm du bas et centré dans la largeur.

13. Alignez le petit rectangle cranté avec le haut du grand. Placez le galon à cheval sur les deux tissus. Insérez un petit bout de dentelle décoratif sous le galon. Fixez le tout en place par une couture sur le pourtour du galon (d).

Pochettes à ciseaux et à boutons

14. Pour chaque pochette, coupez deux fois la poche dans le tissu correspondant en vous aidant du schéma ci-dessous (les marges de couture sont comprises).

Attention ***Le biseau sur le haut de la pochette induit que l'extérieur et la doublure ne sont pas identiques mais inversés en miroir : pour la coupe, pensez à retourner le tissu ou à couper les deux pièces dans le tissu plié en deux.***

»

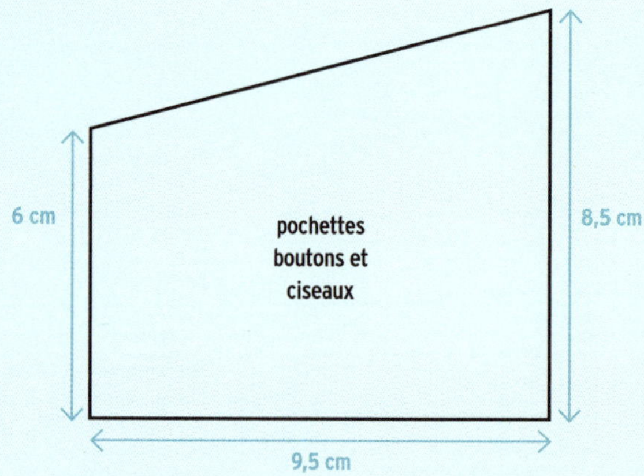

a

b

c

d

Mercerie de Paris
Lady
Fashion
QUALITY

e

f

g

h

i

»

15. Placez les deux pièces de la pochette endroit contre endroit et cousez le long du côté en biais (e).

16. Retournez sur l'endroit et surpiquez.

17. Placez chaque assemblage sur un rectangle de coton blanc. Maintenez en place avec un point zigzag sur les bords (f).

18. Pour la pochette à ciseaux, cousez un morceau de ruban d'environ 30 cm sur le coton blanc, par quelques points à la main ou à la machine au centre du ruban. Il servira à maintenir les ciseaux en place dans la pochette (g).

Pique-épingles

19. Utilisez le voile thermocollant double face pour fixer le tissu moutarde centré sur un rectangle de coton blanc.

20. Réalisez une surpiqûre contrastée sur le pourtour du tissu.

21. Retaillez aux ciseaux cranteurs les petits côtés du rectangle de feutrine.

22. Centrez la feutrine sur le rectangle de tissu. Cousez un bouton en haut de la feutrine pour la maintenir en place (h).

Variantes

Modifiez les pans de l'accordéon selon l'utilisation projetée : ajoutez une poche pour glisser une mini-règle ou cousez un anneau pour accrocher des fils...

Assemblage de l'accordéon

23. Placez le pique-aiguilles sur la poche fermée, endroit contre endroit, et assemblez sur le grand côté de droite. Assemblez de même, à la suite, la pochette pour les ciseaux, le pique-épingles et la pochette à boutons (i).

Conseil ***Décorez les volets de l'accordéon par de petites surpiqûres faites à la main, au point avant, ou par des broderies. Ajoutez de petits boutons décoratifs ou de petites chutes de dentelle.***

24. Préparez les poches au dos de l'accordéon. Pour cela, pliez en deux, envers contre envers, le rectangle rose à pois de 11 x 33,5 cm pour obtenir un rectangle de 5,5 x 33,5 cm.

25. Alignez cet élément sur un grand côté du rectangle de 11,5 x 33,5 cm en coton blanc. Cousez en place au point zigzag sur les trois bords.

26. Alignez le rectangle de coton blanc de 9,5 x 11,5 cm à droite de cet assemblage, endroit contre endroit. Cousez au point droit (j).

27. Placez endroit contre endroit le devant et le dos de l'accordéon : le rectangle sans poche du dos se trouve en face de la poche fermée (superposez bien la couture de l'étape 26 avec celle qui lui fait face).

28. Insérez un petit bout de ruban plié en deux entre les deux épaisseurs, au bout de l'accordéon, du côté de la pochette à boutons (k).

29. Faites une couture sur trois côtés en laissant une grande ouverture du côté de la poche fermée. Retournez sur l'endroit et repassez.

30. Glissez un morceau d'entoilage Decovil à l'intérieur de l'accordéon, la face thermocollante faisant face au dos de l'accordéon, et placez-le sous la pochette à boutons.

31. Faites une couture sur la couture existante pour marquer le pli du premier volet.

32. Répétez les étapes 30 et 31 avec les trois autres entoilages. Il n'y a pas d'entoilage Decovil sous la poche fermée.

33. Repassez délicatement chaque pan pour fixer le Decovil. Veillez à bien aplanir le tissu pour ne pas faire de plis.

34. Fermez l'accordéon à petits points glissés (l).

Variante

Dans le projet présenté des cartes à fils peuvent se glisser dans les poches au dos de l'accordéon mais, si vous le souhaitez, il est possible de réaliser des volets différents sur l'arrière, comme sur le devant. Attention tout de même à l'épaisseur finale quand les volets seront remplis.

»

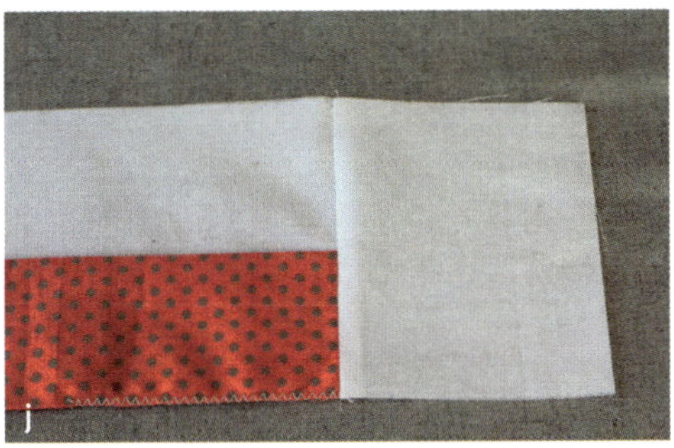
j

k

l

»

Extérieur du sewing kit

35. Placez endroit contre endroit deux rectangles de 4,5 x 5,5 cm. Assemblez sur un grand côté. Répétez l'opération pour obtenir une bande de trois rectangles (m). Assemblez de la même manière les autres coupons pour obtenir deux bandes supplémentaires.

36. Placez endroit contre endroit deux des bandes ainsi obtenues et assemblez sur un grand côté. Répétez l'opération avec la dernière bande. Le dos en patchwork du sewing kit est préparé.

37. Cousez, endroit contre endroit, les bandes de 2,5 x 13,5 cm et 3 x 13,5 cm de tissu moutarde de part et d'autre du patchwork (n).

38. Cousez sur cet assemblage, du côté du rectangle de 3 x 13,5 cm, le rectangle de Liberty de 11,5 x 13,5 cm, endroit contre endroit (o).

39. Cousez l'étiquette décorative (voir comment confectionner une étiquette p. 7) sur le rectangle, à 2 cm du haut et centré dans la largeur (o).

40. Cousez la première partie du Velcro sur le rectangle, à 1,5 cm du bord et centré dans la hauteur (o).

41. Thermocollez le molleton, au centre, sur l'envers de l'assemblage.

42. Préparez l'attache de la pochette en utilisant la technique du gabarit thermocollant (voir le détail de cette technique p. 9) : découpez le gabarit de l'attache (voir p. 63) dans le thermocollant.

43. Fixez le thermocollant sur un rectangle de tissu de 5 x 7,5 cm puis cousez la deuxième partie du Velcro au bout de l'attache.

44. Posez l'autre pièce de tissu, endroit contre endroit, sur l'attache et cousez sur le pourtour du thermocollant en laissant le bas ouvert. Réduisez les marges de couture à 3 mm (p).

45. Retournez sur l'endroit et surpiquez.

Intérieur du sewing kit

46. Préparez la poche intérieure en utilisant la technique du gabarit thermocollant (voir le détail de cette technique p. 9) : découpez un arrondi dans le rectangle de thermocollant (voir comment procéder p. 10). Fixez-le sur l'un des rectangles de la poche, centré. Placez par-dessus le second rectangle, endroit contre endroit, et cousez le long de l'arrondi (q).

m

n

o

p

q

r

s

v

t

u

w

47. Réduisez la marge de couture à 3 mm, crantez l'arrondi. Retournez sur l'endroit et surpiquez.

48. Alignez cette poche sur le coin inférieur gauche d'un rectangle de doublure et maintenez en place par un point zigzag (r).

49. Préparez le porte-stylo : pliez en deux, envers contre envers, le tissu du porte-stylo pour obtenir un rectangle de 3 x 9 cm. Alignez sur le rectangle bleu de 3 x 13,5 cm et piquez sur trois côtés au point zigzag (s).

50. Assemblez, endroit contre endroit, la poche intérieure et le porte-stylo sur le bord droit puis assemblez, toujours endroit contre endroit, avec le second rectangle de doublure (t).

Assemblage

51. Placez l'extérieur et l'intérieur de la pochette endroit contre endroit. Disposez l'attache entre les deux épaisseurs, centrée dans la hauteur du bord droit, le Velcro faisant face à la doublure (u).

52. Cousez sur tout le pourtour en laissant une ouverture de quelques centimètres sur un des côtés. Crantez les angles et retournez sur l'endroit. Fermez l'ouverture à points glissés.

53. Cousez l'accordéon à points glissés à l'intérieur du sewing kit, sur le tissu de la doublure (v).

Conseil ***Pour les couturières chevronnées, il est possible de coudre l'accordéon sur la doublure avant d'assembler la pochette. La couture d'assemblage est alors rendue plus difficile à cause de l'épaisseur de l'accordéon. N'hésitez pas à faire la couture en plusieurs fois et à utiliser le pied à fermeture Éclair.***

54. Tout comme l'accordéon, l'extérieur du sewing kit peut être décoré au fil à broder (w).

• BERRY BASKET • *page 16*

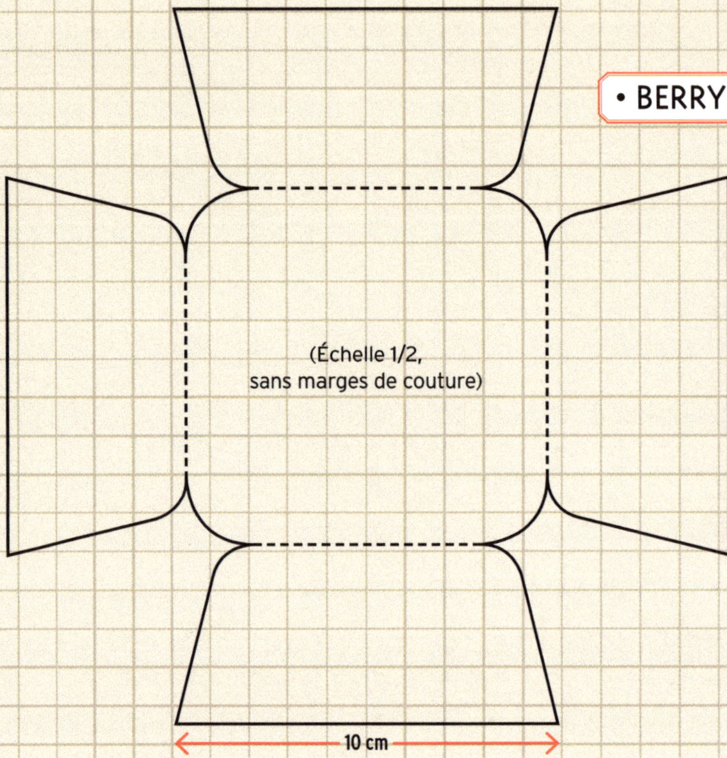

• CLÉS EN MAIN ! • *page 36*

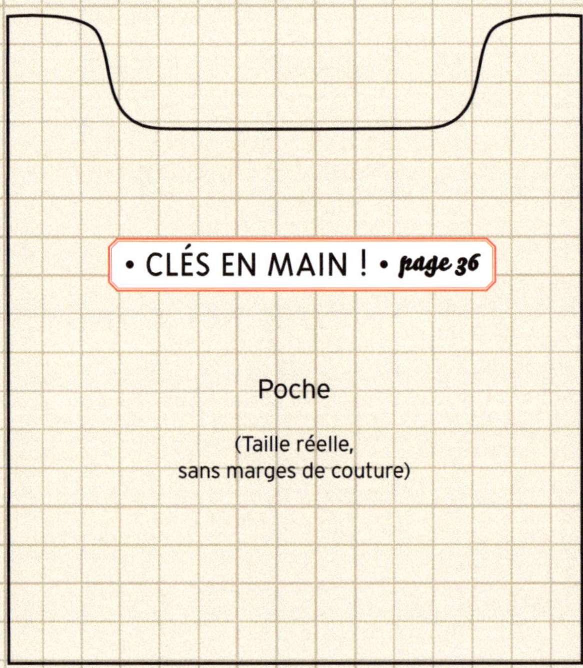

• ÉTUI SUR UN FIL • *page 29*

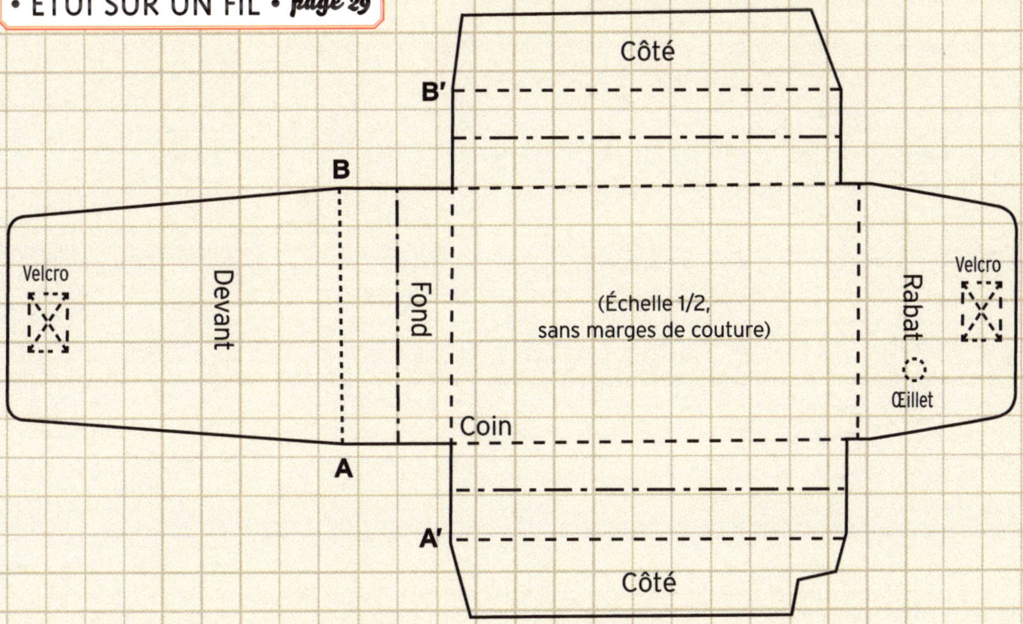

• PIQUE-ÉPINGLES 2CV • *page 40*

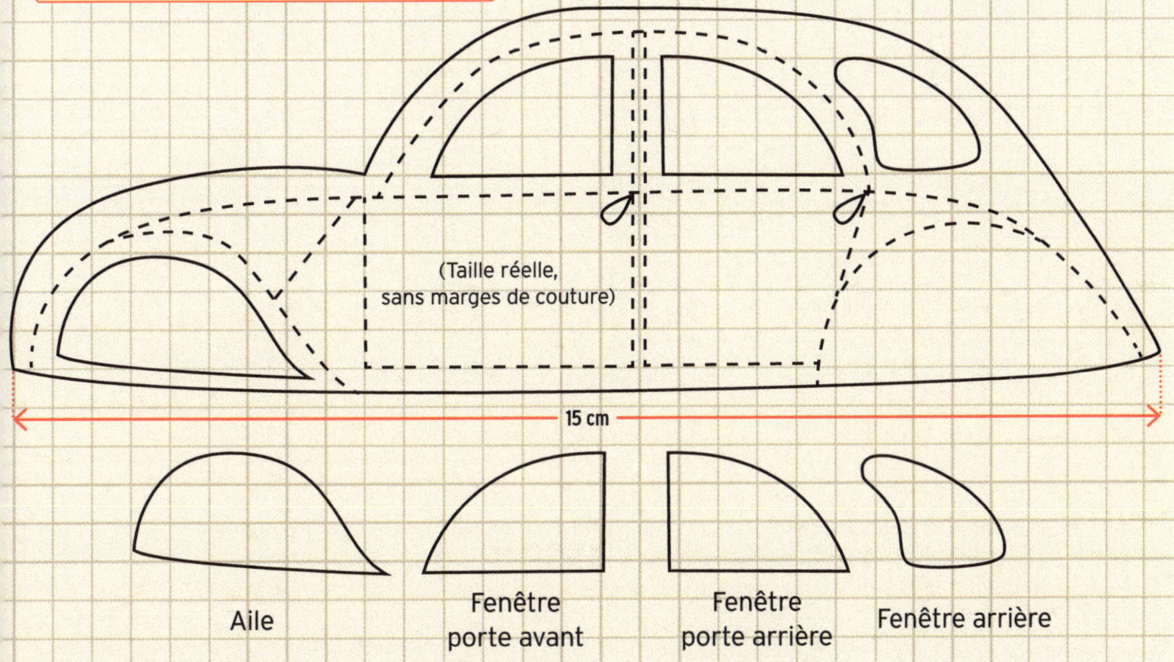

• TROUSSE NŒUD PAP' • *page 32*

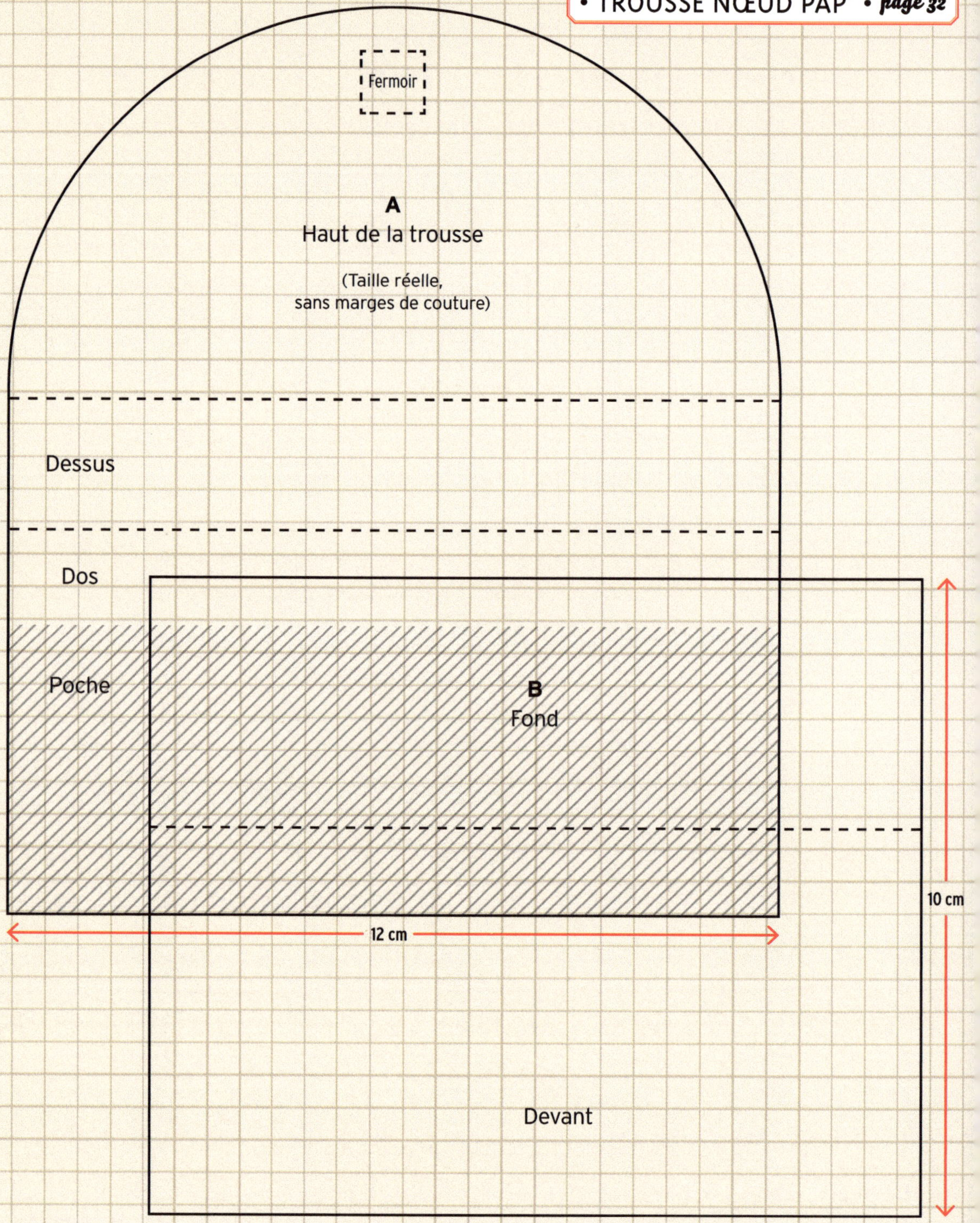

• SEMAINIER BUSY • *page 43*

• SEWING KIT • *page 53*

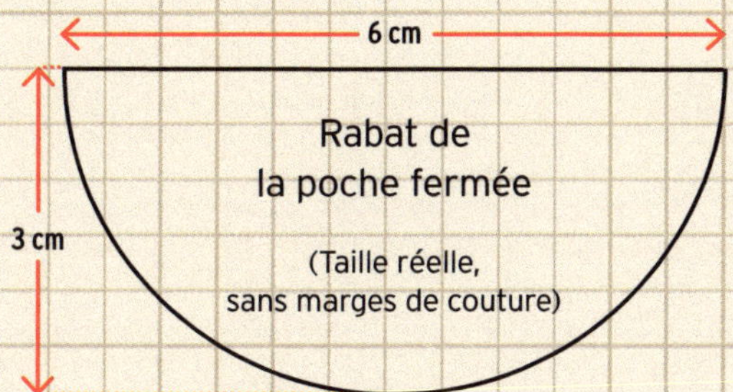

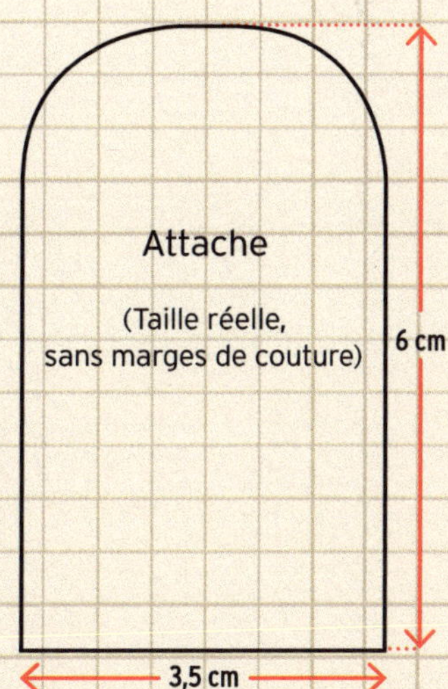

Merci qui ?

Je souhaite remercier Nathalie, Anaïs, Marie-Alexandre et Caroline pour leur aide et leur professionnalisme. Sans elles cet ouvrage ne serait pas.
Je tiens particulièrement à dire merci à Nathalie Delimard d'Abracadacraft, pour sa gentillesse et parce qu'elle m'a fait confiance sans l'ombre d'une hésitation dès le début de ce projet.
J'ajoute un petit clin d'œil à mon amie Frédérique de PoiS de SeNTeur (http://poisdesenteur.canalblog.com) chez qui je trouve toujours de beaux tissus qui finissent… en chutes !
And last but not least, un immense merci à mes enfants Émélie, Julien et Célian ainsi qu'à leur papa pour leur patience et leur soutien sans faille.

Qui a fait quoi ?

Une collection éditée en partenariat avec Abracadacraft (www.abracadacraft.com)

Photographies d'ambiance et stylisme : Caroline Briel / CINQMAI (www.carolinebriel.com)
Photographies d'étapes : Angel Mélie
Révision : Marie-Alexandre Perraud
Conception graphique et mise en pages : Julie Simoens

61, bd Saint-Germain
75240 Paris Cedex 05
www.editions-eyrolles.com

ISBN : 978-2-212-14144-3

Dépôt légal : mai 2015
n° d'éditeur : 9441
Imprimé en Roumanie par Canale